"ධම්මෝ හි වාසෙට්ඨා, සෙට්ඨෝ ජනේතස්මිං
දිට්ඨේ චේව ධම්මේ, අභිසම්පරායේ ච."

වාසෙට්ඨයෙනි, මෙලොවෙහි ත්, පරලොවෙහි ත්
ජනයා අතර ධර්මය ම ශ්‍රේෂ්ඨ වෙයි !

- අග්ගඤ්ඤ සූත්‍රය - භාගයවත් බුදුරජාණන් වහන්සේ

අලුත් දහම් වැඩසටහන - 13

පිහිටක් තියෙනවා ම යි!

පූජ්‍ය කිරිබත්ගොඩ ඥාණානන්ද ස්වාමීන් වහන්සේ

© සියලුම හිමිකම් ඇවිරිණි.

ISBN : 978-955-6870-89-3

ප්‍රථම මුද්‍රණය : ශ්‍රී බු.ව. 2560 ක් වූ ඇසළ මස පුන් පොහෝ දින

සම්පාදනය : මහමෙව්නාව භාවනා අසපුව
වඩුවාව, යටිගල්ඔළුව, පොල්ගහවෙල.
දුර : 037 2244602
info@mahamevnawa.lk | www.mahamevnawa.lk

පරිගණක අකුරු සැකසුම, පිටකවර නිර්මාණය සහ ප්‍රකාශනය :
මහාමේඝ ප්‍රකාශකයෝ
වඩුවාව, යටිගල්ඔළුව, පොල්ගහවෙල.
දුර : 037 2053300, 076 8255703
mahameghapublishers@gmail.com

මුද්‍රණය : ලීඩ්ස් ග්‍රැෆික්ස් (පුද්.) සමාගම,
අංක 356 E, පන්නිපිටිය පාර, තලවතුගොඩ.

පිහිටක් තියෙනවා ම යි!

අලුත් දහම් වැඩසටහන
13

පූජ්‍ය කිරිබත්ගොඩ ඤාණානන්ද ස්වාමීන් වහන්සේ
විසින් පොල්ගහවෙල මහමෙව්නාව භාවනා අසපුවේ අලුත් දහම්
වැඩසටහනේ දී සිදු කළ ධර්ම දේශනා ඇසුරිනි.

මහාමේඝ
MAHAMEGHA

ප්‍රකාශනයකි

පෙළගැස්ම....

පිහිටක් තියෙනවා ම යි!

අලුත් දහම් වැඩසටහන
13

පූජ්‍ය කිරිබත්ගොඩ ඤාණානන්ද ස්වාමීන් වහන්සේ
විසින් පොල්ගහවෙල මහමෙව්නාව භාවනා අසපුවේ අලුත් දහම්
වැඩසටහනේ දී සිදු කළ ධර්ම දේශනා ඇසුරිනි.

මහාමේඝ
MAHAMEGHA

ප්‍රකාශනයකි

පෙළගැස්ම....

නමෝ තස්ස භගවතෝ අරහතෝ සම්මාසම්බුද්ධස්ස
ඒ භාග්‍යවත් අර්හත් සම්මා සම්බුදුරජාණන් වහන්සේට නමස්කාර වේවා!

01.
උදේ වරුවේ
ධර්ම දේශනය

ශ්‍රද්ධාවන්ත පින්වත්නි,

මාසිකව කරනු ලබන මේ දහම් වැඩසටහනේදී අපි මාස කීපයක් ම ඔබට බුදුරජාණන් වහන්සේ වදාළ පටිච්ච සමුප්පාද ධර්මය කියලා දුන්නා. ඒ පටිච්ච සමුප්පාද ධර්මය ඉගෙන ගැනීම තුළ තමයි අපට මේ ලෝකයේ තියෙන්නේ හේතුප්‍රත්‍ය සම්බන්ධයක්, හේතුඵල ස්වභාවයක් කියන කාරණය අවබෝධ වෙන්නේ. හැබැයි අපි කාලයක් තිස්සේ පුරුදු කරපු රටාව ධර්මය මෙනෙහි කිරීම නොවන නිසා අපට එකපාරට ම මේ ධර්මය වටහා ගන්ට අමාරු වෙන්න පුළුවනි.

නමුත් දිගින් දිගට ම අපි ධර්මය ඉගෙන ගැනීමට උත්සාහ කළොත්, ඒ ඉගෙන ගත්තු ධර්මය ඒ ධර්මයේ පෙන්වා දීලා තියෙන ආකාරයට ම විමසන්නත් උත්සාහ කළොත් අපේ නුවණ වැඩෙන්න ගනීවි. ඒකට උදව් වෙන විශේෂ දේශනාවක් අද අපි ඉගෙන ගන්නේ. මේ

දේශනාව සඳහන් වෙන්නේ දීඝ නිකායේ. මේ දේශනාවේ නම මහා නිදාන සූත්‍රය.

අග්‍ර උපස්ථායකයන් වහන්සේ....

මේ දේශනාව බුදුරජාණන් වහන්සේ දේශනා කොට වදාළේ කුරු රටේ කම්මාස්සදම්ම කියන නියම් ගමේ වැඩසිටිද්දී. කුරු රට කම්මාස්සදම්ම නියම්ගම කියන වචනය අපට අහලා පුරුදුයි. බුදුරජාණන් වහන්සේ මහා සතිපට්ඨාන සූත්‍රය වදාළේ ඒ නියම්ගමේදි. මේ දේශනාව කරන්න එක්තරා හේතුවක් මතුවුනා. ඔබ දන්නවා බුදුරජාණන් වහන්සේට උපස්ථාන කරපු අග්‍ර උපස්ථායකයන් වහන්සේ. ඒ කවුද? අපේ ආනන්දයන් වහන්සේ. උන්වහන්සේට තිබුනා තියුණු ස්මරණ ශක්තියක්. උන්වහන්සේට තිබුනා තියුණු වටහාගැනීමේ ශක්තියක්. උන්වහන්සේට තියුණු නුවණක් තිබුනා. වේගවත් අවබෝධයක් ඇතිකරගන්න පුළුවන්කම තිබුනා.

ආනන්දයන් වහන්සේගේ ථේරගාථා වල සඳහන් වෙනවා බුදුරජාණන් වහන්සේ ළඟට ඇවිල්ලා පැවිදි වෙච්ච දවසේ ඉඳලා රාග සංකල්පනාවක් හිතේ හටගත්ත බවක් දන්නේ නෑ කියලා. ඒ කියන්නේ එච්චරට ම උන්වහන්සේ සිහියෙන් නුවණින් වැඩ හිටියා.

ආනන්දය, එහෙම කියන්න එපා....

ඉතින් දවසක් ආනන්දයන් වහන්සේ බුදුරජාණන් වහන්සේ ළඟට ගිහින් වන්දනා කරලා බුදුරජාණන් වහන්සේට මෙහෙම කියා හිටියා. "**අච්ඡරියං භන්තේ, අබ්භුතං භන්තේ** ස්වාමීනි භාග්‍යවතුන් වහන්ස, හරි ආශ්චර්යයක් ඇතිවුනා. හරි අද්භූත ස්වභාවයක් ඇතිවුනා. "**යාවගම්භීරෝ චායං භන්තේ පටිච්චසමුප්පාදෝ**

ගම්භීරාවභාසෝ ච." ස්වාමීනී භාග්‍යවතුන් වහන්ස, මේ පටිච්ච සමුප්පාදය කියලා කියන්නේ මොනතරම් ගැඹුරු දෙයක්ද. මොනතරම් ගැඹුරු වැටහීම් ඇති දෙයක්ද. "**අථ ච පන මේ**" ඒ වුනත් මට "**උත්තානකුත්තකෝ විය ඛායති.**" පහසුවෙන් තේරුම් ගන්න පුළුවන් දෙයක් හැටියට වැටහෙනවා" කිව්වා. ඒක තමයි මේ ආනන්දයන් වහන්සේගේ හිතේ ඇතිවෙච්ච ආශ්චර්යය.

එතකොට බුදුරජාණන් වහන්සේ වදාළා "**මා හේවං ආනන්ද අවච.** ආනන්දය, ඔහොම කියන්න එපා. **මා හේවං ආනන්ද අවච.** ආනන්දය, ඔහොම කියන්න එපා. **ගම්භීරෝ චායං ආනන්ද පටිච්ච සමුප්පාදෝ** ආනන්දය, මේ පටිච්ච සමුප්පාදය ගැඹුරුමයි. **ගම්භීරාවභාසෝ ච.** ගැඹුරු වැටහීම් තියෙන දෙයක් ම යි" පටිච්ච සමුප්පාදය සරල දෙයක් නෙමෙයි කියලා මේ කවුද කියන්නේ? බුදුරජාණන් වහන්සේ. සමහරවිට ඔබත් කියන්ට පුළුවනි 'හා... දැන් අපිටත් පටිච්ච සමුප්පාදය තේරෙනවා. මේක නිකම් සරල එකක් වගේ අපටත් වැටහෙනවා' කියලා. එහෙම කිව්වට ඒක අපේ වැටහීමට ළං වෙන්නේ නෑ.

හේතුඵල දහම අවබෝධ නොවීම නිසා වෙච්ච දේ....

අසංඛෙය්‍ය කල්ප ලක්ෂයක් පෙරුම් පිරූ ආනන්ද හාමුදුරුවෝ වගේ මහෝත්තමයන්ට වැටහිච්ච කාරණෙත් 'හා... හා... එහෙම කියන්න එපා' කියලා කිව්වා නම්, අපි ගැන කතා කරන්න දෙයක් ඇත්තේම නෑ. ඊටපස්සේ බුදුරජාණන් වහන්සේ වදාළා "**ඒතස්ස ආනන්ද ධම්මස්ස අනනුබෝධා අප්පටිවේධා** ආනන්දය, ඔය පටිච්ච සමුප්පාද ධර්මය අවබෝධ නොවීම නිසයි,

මනාකොට ප්‍රතිවේධ නොකිරීම නිසයි, වටහාගන්න බැරිවෙච්ච නිසයි **ඒවමයං පජා** මේ සත්ව ප්‍රජාව **තන්තාකුලකජාතා** අවුල් වෙච්ච නූල් කැටියක් වගේ **ගුළාගුණ්ඨිකජාතා** කැඳ දාලා ගුලි ගැහිලා අවුල් වෙච්ච නූල් කැටියක් වගේ **මුඤ්ජබබ්බජභූතා** අවුලෙන් අවුලට පත්වෙච්ච තණකොළ ගොඩක් වගේ, පිදුරු කැටියක් වගේ ලෙහාගන්න බැරි ගැට ගොඩකට පැටලිලා, ලෙහා ගන්න බැරි විදිහට රාග ද්වේශ මෝහ වලින් හටගන්න අවුල්වල පැටලිලා **අපායං දුග්ගතිං විනිපාතං සංසාරං නාතිවත්තති** සතර අපායේ වැටි වැටී යන මේ සසරෙන් එතෙර වෙන්න බැරුව ඉන්නේ."

අකුසලයේ ම සිත පිහිටුවනවා....

දැන් අපි හිතමු ඔන්න කෙනෙකුගේ හිතේ වෛරයක් හටගන්නවා. එතකොට පටිච්ච සමුප්පාදය දැනගත්තු එක්කෙනා, හේතුප්‍රත්‍ය වශයෙන් දකින්න මහන්සි ගත්ත එක්කෙනා ඒකේ හේතු හොයනවා. හොයලා ඒක දුරුකරනවා. ඊළඟට රාගයක් හටගත්තාම ඒක හටගන්න හේතුවෙච්ච කාරණය හොයාගෙන ඒක දුරු කරනවා. මෝහයක් හටගත්තොත් හේතුප්‍රත්‍ය ධර්මය දන්න කෙනා ඒ හේතුව දුරු කරනවා. එහෙම දන්නෙ නැති එක්කෙනා ඒකේ හිත පිහිටුවා ගන්නවා. ඊටපස්සේ කල්ප ගණන් සතර අපායේ වැටි වැටී දුක් විඳ විඳ යනවා. මොකක්ද ඒකට හේතුව? හේතුප්‍රත්‍ය ධර්මයන්ගේ ස්වභාවය දන්නෙ නැතිකම.

සමහරුන්ගේ හිතේ තරහක් හටගත්තාම 'හිටපං... මං මේකට ජාති ජාති පළිගන්නවා' කියලා අදහසක් ආවා කියමු. ඊටපස්සේ මොකද වෙන්නේ? පටිච්ච සමුප්පාදය දන්නෙ නැත්නම් එයා ඒකෙම හිත පිහිටුවා ගන්නවා.

එතකොට ගැලවෙන්න බෑ. කල්ප ගණන් සතර අපායේ වැටී වැටී තමයි යන්නේ. ඒ නිසා බුදුරජාණන් වහන්සේ වදාළා ආනන්දයන් වහන්සේට 'ආනන්දය, මේ පටිච්ච සමුප්පාද ධර්මය බොහොම සරලව වැටහෙන එකක්ය කියලා කියන්න එපා. මේ පටිච්ච සමුප්පාදය ගැඹුරුමයි. ගැඹුරු වැටහීම් ඇති දෙයක්මයි. මේක අවබෝධ කරගන්න බැරිවෙච්ච නිසාමයි මේ ලෝක සත්වයා අවුලෙන් අවුලට පත්වෙලා, ලිහාගන්න බැරිව ගැට ගැහි ගැහී ගිහිල්ලා මේ සතර අපාය ඉක්මවා ගත නොහැකි සංසාරේ වැටිලා ඉන්නේ' කියලා.

ජරාමරණවලට හේතුවක් තියෙනවා....

ඊටපස්සේ ඔන්න බුදුරජාණන් වහන්සේ ආනන්ද ස්වාමීන් වහන්සේට දේශනා කරනවා "ආනන්දය, ඔබෙන් කවුරුහරි ඇහුවොත් 'ජරාමරණ වලට හේතුවෙච්ච කාරණයක් තියෙනවාද?' කියලා පිළිතුරු දෙන්න 'ඔව් හේතුවක් තියෙනවා' කියලා." ජරාමරණ කිව්වහම සෝක වැළපීම්, දුක් දොම්නස්, සුසුම් හෙළීම් මේ ඔක්කොම අයිතියි. අපි සම්පූර්ණයෙන්ම ඒකේ අර්ථය ගන්න ඕනෙ. ඊටපස්සේ අහයි කිව්වා මේ ජරා, මරණ, සෝක, වැලපීම්, කායික දුක්, මානසික දුක්, සුසුම් හෙළීම් වලට හේතුවෙච්ච කාරණය මොකක්ද කියලා. එතකොට කියන්න කිව්වා මේ ඔක්කොටම හේතුව ඉපදීමයි කියලා.

කෙනෙක් කිව්වොත් 'නෑ... ඕක නෙමෙයි හේතුව. මේ කාලේ ඒරාෂ්ටකයක්' කියලා එතකොට සම්පූර්ණයෙන්ම එයාට ඇත්ත වැහෙනවාද නැද්ද? වැහෙනවා. මේක එයාගේ කරුමේ වෙන්න ඇති කියලා කිව්වොත් ඒත් ඇත්ත වැහෙනවා. ඇත්ත කියන එක ඉස්මතු වෙන්නේ බොහොම කලාතුරකින්.

බුදුරජාණන් වහන්සේ වදාළා එයාට උත්තරේ දෙන්න මේ ජරාමරණ සෝක වැළපීම් දුක් දොම්නස් සුසුම් හෙළීම් ඔක්කොම තියෙන්නේ එක දෙයක් නිසා. මොකක්ද ඒ? ඉපදීම. ජරාමරණයන්ට හේතුව ඉපදීමයි කියලා කියන්න කිව්වා.

ඉපදීමට හේතුව භවයයි....

ඊටපස්සේ බුදුරජාණන් වහන්සේ දේශනා කරනවා "ආනන්දය, ඊටපස්සේ කෙනෙක් අහන්න පුළුවනි 'හරි... ජරාමරණ සෝක වැළපීම් වලට හේතුව ඉපදීම නම් ඉපදීමටත් හේතුවක් තියෙනවාද?' කියලා. එතකොට හේතුවක් තියෙනවා කියලා කියන්න. 'මොකක්ද ඉපදීමට හේතුව?' කියලා ඇහුවොත් ඉපදීමට හේතුව භවයයි කියලා කියන්න" කිව්වා. බුදුරජාණන් වහන්සේ වදාළ දේශනාව මේ විදිහට අපි දරාගත්තා නම්, මතක තියාගත්තා නම් එක එක්කෙනා කියන අවුල් ඒකට මිශ්‍ර වෙන්නේ නෑ. එක එක්කෙනා එක එක විදිහට කරන විග්‍රහයන් වලට අපි අහුවෙන්නේ නෑ.

බුදුරජාණන් වහන්සේ වදාළා **කිම්පච්චයා ජාතීති ඉති චේ වදෙය්‍ය.** කවුරුහරි ඇහුවොත් එහෙම නම් ඉපදීමට හේතුවෙච්ච කාරණය මොකක්ද කියලා **භව පච්චයා ජාතීති ඉච්චස්ස වචනීයං.** ඒකට තියෙන උත්තරේ මොකක්ද? ඉපදෙන්නේ භවය නිසාය කියලා කියන්න කිව්වා.

අසිරිමත් ශාස්තෘත්වය....

ඊළඟට බුදුරජාණන් වහන්සේ වදාළා එතකොට කෙනෙක් භවය හටගන්නත් හේතුවක් තියෙනවාද කියලා අහයි. එතකොට උත්තරේ දෙන්න කිව්වා භවය

හටගන්නත් හේතුවක් තියෙනවා කියලා. එතකොට එයා අසාවි භවය හටගන්න හේතුවක් තියෙනවා නම් ඒ හේතුව මොකක්ද කියලා. එතකොට උත්තරේ දෙන්න කිව්වා භවය හටගන්න තියෙන හේතුව උපාදානයයි කියලා. ඕක තමයි බුදුරජාණන් වහන්සේ දේශනා කරන රටාව. ඊටපස්සේ අහයි උපාදානය හටගන්නත් හේතුවක් තියෙනවාද කියලා. එතකොට ආනන්දය, දෙන්න උත්තරේ උපාදානයටත් හේතුවක් තියෙනවා කියලා. එතකොට අසාවි ඒ උපාදාන හටගන්න තියෙන හේතුව මොකක්ද කියලා. එතකොට උත්තරේ දෙන්න කිව්වා උපාදාන හටගන්න හේතුව තණ්හාව කියලා.

ඊටපස්සේ බුදුරජාණන් වහන්සේ ආනන්ද හාමුදුරුවන්ට වදාළා "ආනන්දය, එතකොට අසාවි 'තණ්හාව හටගන්න හේතුවක් තියෙනවාද?' කියලා. හේතුවක් තියෙනවා කියන්න කිව්වා. එතකොට අසාවි තණ්හාව හටගන්න තියෙන හේතුව කුමක්ද? කියලා. තණ්හාව හටගන්න තියෙන හේතුව විඳීමයි කියලා උත්තරේ දෙන්න කිව්වා. ඊළඟට අසාවි විඳීම හටගන්නත් හේතුවක් තියෙනවාද? කියලා. හේතුවක් තියෙනවා කියලා උත්තරේ දෙන්න කිව්වා. එතකොට අසාවි ඒ විඳීම හටගන්න හේතුවෙච්ච කාරණය මොකක්ද? කියලා. එතකොට උත්තරේ දෙන්න කිව්වා විඳීම හටගන්න හේතුවෙච්ච කාරණය ස්පර්ශයයි කියලා.

ස්පර්ශය හටගන්නේ නාමරූප නිසා...?

ඊටපස්සේ බුදුරජාණන් වහන්සේ වදාළා "ආනන්දය, ඊළඟට අසාවි ස්පර්ශය හටගන්න හේතුවක් තියෙනවාද? කියලා. එයාට කියන්න ස්පර්ශය හටගන්නත්

හේතුවක් තියෙනවා කියලා. එතකොට ස්පර්ශය හටගන්න හේතුව කුමක්ද? කියලා අසාවි. එයාට උත්තරේ දෙන්න ස්පර්ශය හටගන්න තියෙන හේතුව නාමරූපයි කියලා.” දැන් අපි කලින් ඉගෙනගෙන තියෙන්නේ ස්පර්ශය හටගන්නේ ආයතන හයෙන්, ආයතන හය හටගන්නේ නාමරූප ප්‍රත්‍යයෙන් කියලනේ.

ඊටපස්සේ මතකද අපි ඔබට උපමාවක් කියාදුන්නා. ලීයෙන් නම් හදලා තියෙන්නේ පුටුව, පුටුව කියලා අපි කිව්වට ඒකේ තියෙන්නේ ලී. ප්ලාස්ටික් වලින් නම් හදලා තියෙන්නේ පුටුව, පුටුව කියලා කිව්වට ඒකේ තියෙන්නේ ප්ලාස්ටික්. යකඩ වලින් නම් හදලා තියෙන්නේ පුටුව, පුටුව කියලා අපි ඒකට කිව්වට ඒකේ තියෙන්නේ යකඩ. ඒ වගේ නාමරූප වලින් නම් හැදිලා තියෙන්නේ ආයතන හය, අපි ඇස, කන, නාසය කියලා මොන නමින් හැඳින්නුවත් ඒවායේ තියෙන්නේ නාමරූප.

විඤ්ඤාණයට හේතුව නාමරූප....

මේ මහානිදාන සූත්‍රයේදී බුදුරජාණන් වහන්සේ ආනන්ද ස්වාමීන් වහන්සේට දේශනා කරනවා කවුරුහරි ඇහුවොත් ස්පර්ශය කුමකින්ද හැදිලා තියෙන්නේ කියලා **නාමරූප පච්චයා ඵස්සෝති ඉච්චස්ස වචනීයං** නාමරූපය නිසාය ස්පර්ශය හැදුනේ කියලා එයාට පිළිතුරු දෙන්න කිව්වා. ඊටපස්සේ අසාවි නාමරූප හැදෙන්නත් හේතුවක් තියෙනවාද? කියලා. ඒකට උත්තරේ දෙන්න කිව්වා ඔව්... නාමරූප හැදෙන්න හේතුවක් තියෙනවා කියලා. එතකොට අසාවි නාමරූප හැදෙන්න හේතුව කුමක්ද? කියලා. ඒකට උත්තරේ දෙන්න කිව්වා නාමරූපය හැදෙන්න හේතුව විඤ්ඤාණයයි කියලා.

ඊටපස්සේ අසාවි විඤ්ඤාණය හැදෙන්න හේතුවක් තියෙනවාද? කියලා. හේතුවක් තියෙනවා කියලා උත්තරේ දෙන්න කිව්වා. එතකොට අසාවි විඤ්ඤාණය හැදෙන්න තියෙන හේතුව කුමක්ද? කියලා. ඒකට උත්තරේ දෙන්න කිව්වා විඤ්ඤාණය හැදෙන්න තියෙන හේතුව නාමරූපයි කියලා. ඔබ මේ මහා නිදාන සූත්‍රයේ පටිච්ච සමුප්පාදය සම්බන්ධයෙන් කෙරෙන විශේෂ විග්‍රහය හොඳට මතක තියාගන්න ඕනෙ. මේ දේශනාවේ ස්පර්ශය ළඟට එනකම් තියෙන්නේ අපට අහලා පුරුදු ක්‍රමය. කොහොමද ඒ? ජරාමරණ හැදෙන්නේ ඉපදීම නිසා. ඉපදීම හැදෙන්නේ භවය නිසා. භවය හැදෙන්නේ උපාදාන නිසා. උපාදාන හැදෙන්නේ තණ්හාව නිසා. තණ්හාව හැදෙන්නේ විදීම නිසා. විඳින්නේ ස්පර්ශය නිසා කියලා.

පටිච්ච සමුප්පාදය පිළිබඳ විශේෂ විග්‍රහක්....

ඔය ටික සාමාන්‍යයෙන් අපි පොදුවේ අහපු රටාව. එතන ඉඳලා තමයි අපගේ ශාස්තෘන් වහන්සේ මේක විස්තර කරන්නේ 'ස්පර්ශය හැදෙන්නේ නාමරූප නිසා. නාමරූප හැදෙන්නේ විඤ්ඤාණය නිසා. විඤ්ඤාණය හැදෙන්නේ නාමරූප නිසා' කියලා. එතන ඉඳලා පටිච්ච සමුප්පාදය උන්වහන්සේ විස්තර කරනවා මෙහෙම. "**ඉති ඛෝ ආනන්ද නාමරූප පච්චයා විඤ්ඤාණං.** මේ විදිහට ආනන්දය, නාමරූපය නිසා විඤ්ඤාණය ඇතිවෙනවා. **විඤ්ඤාණ පච්චයා නාමරූපං.** විඤ්ඤාණය නිසා නාමරූප ඇතිවෙනවා. නාමරූප නිසා ස්පර්ශය හටගන්නවා. ස්පර්ශය නිසා විදීම හටගන්නවා. විදීම නිසා තණ්හාව හටගන්නවා. තණ්හාව නිසා උපාදාන හටගන්නවා. උපාදාන නිසා භවය හටගන්නවා. භවය නිසා ඉපදෙනවා. ඉපදෙන නිසා ජරාමරණ, සෝක

වැලපීම්, කායික දුක්, මානසික දුක්, සුසුම් හෙළීම් මේ සියලූම දේ හටගන්නවා.

මෙතන කර්මය සම්බන්ධ වෙන්නේ කොහේටද? භවය කියන තැනට. ඒක මතක තියාගන්න. ඔබට අහන්න ලැබෙන්න ඇති පසුගිය දවසක බංග්ලාදේශ්වල පොඩි කැෆේ එකකට ත්‍රස්තවාදී ප්‍රහාරයක් එල්ල වුනා. මේ බඩගින්නට පාන් කෑල්ලක්, බනිස් ගෙඩියක් කන්න ගියපු අහිංසක මිනිස්සු. ඒ මිනිස්සුන්ව අල්ලගෙන සමහරුන්ව මරලා තියෙන්නේ ඔළුව චප්ප කරලා. ඒ හෝටලේ ම තිබ්බ්ච පිහි වලින් තමයි කපලා මරලා තියෙන්නේ. එතන විස්සක් විතර මරලා. හමුදාවෙන් දහතුන් දෙනෙක් බේරගෙන තියෙනවා.

නොසිතූ මොහොතක පැමිණෙන මරණය....

දැන් බලන්න මේ ගියේ මොකේටද? බනිස් ගෙඩියක් කාලා තේ එකක් බොන්නයි ගියේ. වුනේ මොකක්ද? ඉතාම බිහිසුණු අන්දමින් මරණයට පත්වෙන්න සිද්ධ වුනා. එතනින් එයාගේ දුක ඉවරද? නෑ. කෙළවරක් නැතුව ඕක යනවා. මේ විදිහට එක එක ආකාරයට මිනිස්සු මැරෙනවා. **ඒවමේතස්ස කේවලස්ස දුක්ඛක්ඛන්ධස්ස සමුදයෝ හෝති.** මේ සමස්ත දුකම ඔය කියපු රටාවෙන් තමයි සිද්ධ වෙන්නේ. ලෝකයේ කොටසක් කියනවා මේ ඔක්කොම තියෙන්නේ දෙවියන්ගේ කැමැත්තට කියලා. තව කොටසක් කියනවා මේ ලෝකේ තියෙන්නේ ඉබේ කියලා. නමුත් ඉබේ කියන එකත් අර්ථශූන්‍ය කථාවක්. දෙවියන්ගේ කැමැත්තට කියන එකත් අර්ථශූන්‍ය කථාවක්. මේකේ හැබෑ එක මොකක්ද? ලෝකෙ හැමතැනම තියෙන රටාව තමයි හේතුව සහ ඵලය කියන එක.

සමාජගත අර්බුදවල තියෙන්නෙත් හේතුඵල. නමුත් ඒ හේතුඵල මොනවාද කියලා මිනිස්සුන්ට තේරෙන්නේ නෑ. ඉතින් මේ සමාජගත අර්බුදයේ හේතුඵලත් අප එක එක්කෙනා තුළ පුද්ගලිකව තියෙන අර්බුද වල හේතුඵලත් මේ සූත්‍ර දේශනාවේ සඳහන් වෙනවා. බුදුරජාණන් වහන්සේ ආනන්ද ස්වාමීන් වහන්සේට දේශනා කරනවා "ආනන්දය, **ජාති පච්චයා ජරාමරණන්ති ඉති බෝ පනේතං වුත්තං** ජරාමරණ, සෝක වැළපීම්, දුක් දොම්නස්, සුසුම් හෙළීම් මේ ඔක්කොම හටගන්නේ ඉපදීම නිසාය කියලා යමක් කිව්වාද, **තදානන්ද ඉමිනාපේතං පරියායේන වේදිතබ්බං** මෙන්න මේ ක්‍රමයෙන් ඒක තේරුම් ගන්න.

කිසිම අයුරකින් ඉපදීමක් නැත්නම්....

ආනන්දය, මේ සත්වයාට කිසිම තැනක, කිසිම අයුරකින් ඉපදීම කියලා එකක් නැත්නම්, ඒ කියන්නේ දෙවියන් අතර දෙවියෙකු වීම පිණිස හෝ, ගාන්ධර්වයන් අතර ගාන්ධර්වයෙකු වීම පිණිස හෝ, යක්ෂයින් අතර යක්ෂයෙකු වීම පිණිස හෝ, සත්වයන් අතර සත්වයෙකු වීම පිණිස හෝ, මිනිසුන් අතර මිනිසෙකු වීම පිණිස හෝ, සිව්පාවුන් අතර සිව්පාවෙකු වීම පිණිස හෝ, පක්ෂීන් අතර පක්ෂියෙකු වීම පිණිස හෝ, සර්පයින් අතර සර්පයෙකු වීම පිණිස හෝ, ඉපදීමක් ඇති නොවෙයි නම්,

තේසං තේසං ච ආනන්ද සත්තානං තතත්ථාය ජාති නාභවිස්ස. ආනන්දය, ඒ ඒ සත්ව ලෝකවල ඒ ඒ සත්වයන් වෙන්න උපදින්නේ නැත්නම් **සබ්බසෝ ජාතියා අසති** හැම අයුරින්ම ඉපදීමක් නැත්නම් **ජාති නිරෝධා** ඉපදීම නිරුද්ධ නම් **අපි නු බෝ ජරාමරණං පඤ්ඤායේථාති.** එයාට ජරාමරණ කියලා දෙයක්

තියෙනවද?" කියලා අහනවා. **නෝ හේතං භන්තේ.** නැහැ ස්වාමීනී කියලා ආනන්දයන් වහන්සේ පිළිතුරු දෙනවා. **තස්මාතිහානන්ද** ඒ නිසා ආනන්දය, **ඒසේව හේතු.** ඕකමයි හේතුව. **ඒතං නිදානං.** ඕකමයි නිදානය. (නිදානය කියන්නේ පසුබිම) **ඒස සමුදයෝ.** ඕකෙන්මයි හටගන්නේ. **ඒස පච්චයෝ.** ඕකමයි ප්‍රත්‍යය. **ජරාමරණස්ස** ජරාමරණයට. මොකක්ද ඒ? **යදිදං ජාති** ඒ තමයි මේ ඉපදීම.

ඉපදෙන්නේ භවය නිසයි....

ඊටපස්සේ බුදුරජාණන් වහන්සේ දේශනා කරනවා ආනන්ද ස්වාමීන් වහන්සේට "ආනන්දය, **භව පච්චයා ජාති** (භවය හේතුවෙන් ඉපදෙනවා) කියලා කාරණයක් කියවුනා. ඒකේ අර්ථය මෙහෙම තේරුම් ගන්න. ආනන්දය, කාම භව - රූප භව - අරූප භව කියන මේ භව තුන ම කොයියම් ම ආකාරයකින්වත් කොහේවත් කිසිම තැනක කිසිම අයුරකින් හටගන්නේ නැත්නම්, ඒ කියන්නේ කාම භවයක් හටගන්නෙත් නැත්නම්, රූප භවයක් හටගන්නෙත් නැත්නම්, අරූප භවයක් හටගන්නෙත් නැත්නම් **සබ්බසෝ භවේ අසති** සියලු ආකාරයෙන්ම භවයක් නැත්නම් **භව නිරෝධා** භවය නිරුද්ධ නම් ඉපදීමක් තියෙනවද?" කියලා අහනවා. "**නෝ හේතං භන්තේ** නෑ ස්වාමීනී." "එහෙනම් ආනන්දයෙනි, ඉපදීමට හේතුව ඕකමයි. ඉපදීමේ නිදානය ඕකමයි. ඉපදීමේ හටගැනීම ඕකමයි. ඉපදීමේ හේතුකාරක ධර්මය ඕකමයි. ඒ තමයි භවය. දැන් අපි ඉන්නේ භවය නිරුද්ධවද නැත්නම් භවය තුළද? භවය තුළයි අපි ඉන්නේ. භවය තුළ ඉන්නවා නම් මොකක්ද වෙන්නේ? ආයෙමත් උපදිනවා.

උපාදාන කියන්නේ යමකට ග්‍රහණය වීමයි....

ඊළඟට උන්වහන්සේ දේශනා කරනවා "**උපාදාන පච්චයා භවෝ** ආනන්දය, උපාදානය නිසා භවය හටගන්නවා කියලා කාරණයක් වදාළා. ඒක මෙහෙම තේරුම් ගන්න. කොයියම් ම ආකාරයකටවත් කිසිම තැනක කිසිම අයුරකින් උපාදානයක් නැත්නම්, කාම උපාදාන, දිට්ඨි උපාදාන, සීලබ්බත උපාදාන, අත්තවාද උපාදාන කියන උපාදාන හතරෙන් එකක්වත් නැත්නම්, **සබ්බසෝ උපාදානේ අසති** සියලුම අයුරින් උපාදාන නැත්නම් **උපාදාන නිරෝධා** උපාදානය නිරුද්ධ වීමෙන් භවයක් හැදෙනවාද?" කියලා අහනවා. නෑ ස්වාමීනී, කියනවා. "එහෙනම් ආනන්දයෙනි, භවයට හේතුව ඕකමයි. භවයට නිදානය ඕකමයි. භවය හටගන්නේ ඕකෙන්මයි. ඒ තමයි උපාදානය."

උපාදානය කියන වචනය අපි තේරුම් අරන් තියෙනවා. යම්කිසි දේකට ග්‍රහණය වීම, අහුවීම, කොටුවීම තමයි උපාදාන කියන්නේ. යම්කිසි දේකට අහුවෙන්නේ, කොටුවෙන්නේ, ග්‍රහණය වෙන්නේ මක් වුනාමද? ඒකට ආසා කළාම. එහෙනම් උපාදානය හැදෙන්නේ මොකෙන්ද? තෘෂ්ණාවෙන්. අපි කියමු අපට කලින් නොදැකපු කෙනෙක් දකින්න ලැබෙනවා. දැක්කට පස්සේ බැඳීමක් ඇතිවෙනවා. කවදාවත් නොදැකපු රූපෙකට අපේ හිතේ බැඳීමක් ඇතිවෙන්නේ නෑනේ. එහෙනම් බැඳීම ඇතිවෙන්න හේතුව මොකක්ද? දැක්කට පස්සේ ඇතිවෙච්ච තෘෂ්ණාව.

මටත් කැවුමක් කන්ට ඇත්නම්....

ඔන්න අපි කලින් කාලා නැති, දන්නෙත් නැති

පළතුරු ගෙඩියක් කවුරුහරි අපට ගෙනත් දෙනවා කන්න කියලා. ඔන්න අපි ඒක කාලා බලනවා. ඊටපස්සේ අපි අහනවා 'ෂා... හරි ෂෝක්නේ. මේකේ නම මොකක්ද? මේක ගන්න තියෙන්නේ කොහෙන්ද?' කියලා. ඒ මොකද එහෙම අහන්නේ? ඒ රසයට අපේ හිතේ ආසාවක් ඇතිවුනා. අර ඉල්ලීස ජාතකයේ තියෙනවා ඉල්ලීස සිටාණෝ පාරේ යද්දී දැක්කා මනුස්සයෙක් පාර අයිනේ කැවුමක් කනවා. කැවුම කද්දි කට දෙපැත්තෙන් පැණි වැක්කෙරුනා. එතකොට ඉල්ලීස සිටාණන්ගේ කටට කෙළ ආවා. ඇවිල්ලා කල්පනා කළා 'හප්පේ.... අරකා අර කැවුම කන හැටි. මටත් කැවුමක් කන්ට ඇත්නම්...' කියලා හිතුනා. දැක්කද තෘෂ්ණාව හටගත්ත විදිහ.

ඔන්න ගෙදර ගියා. ගෙදර ගිහිල්ලා දැන් කැවුමක් කන්ට ආසයි කියලා කියන්න විදිහක් නෑ. කල්පනා කළා 'බැරිවෙලාවත් මං කිව්වොත් මට කැවුමක් කන්ට ආසයි කියලා මේ ඔක්කොටම කැවුම් කන්න ආසා හිතෙයි. එතකොට මගෙන් තමයි සල්ලි වියදම් වෙන්නේ' කියලා. ඔහොම කල්පනා කර කර ඉඳලම ඇඟත් කෙට්ටු වෙලා ගියා. ඇඳට වැටුනා. හාමිනේ ඇවිල්ලා පිට අතගාලා ඇහුවා 'මොකද මේ... ඔයාට මක් වුනාද...? නහරවැල් පෑදිලා කන්න නැතුව වගේ ඉන්නේ...? රජ්ජුරුවෝ උදහස් වුනාද...?' කියලා ඇහුවා. රජ්ජුරුවෝ උදහස් වුනේ නෑ කිව්වා. රට්ටු දොස් කිව්වද කියලා ඇහුවා. රට්ටු දොස් කිව්වෙත් නෑ කිව්වා. අපි කාගෙන්වත් වරදක් වුනාද කියලා ඇහුවා. නෑ මට කාගෙන්වත් වරදක් වුනේ නෑ කිව්වා.

තණ්හාවක තරම....

එහෙනම් මොකක්වත් ආසාවක් තියෙනවාද? කියලා ඇහුවා. අන්න එතකොට නිශ්ශබ්දව හිටියා.

එතකොට හාමිනේ කිව්වා 'අනේ ආසාවක් තියෙනවා නම් කියන්න. මං ඉෂ්ට කරලා දෙන්නම්' කියලා. කෙඳිරි ගගා 'මං කැවුමක් කන්ට ආසයි' කිව්වා. 'අයියෝ ඔයා සිටුතුමෙක්නේ. අපි මේ සක්කාර කියන නියම්ගමට ම සෑහෙන්න කැවුම් හදමුද...?' කියලා ඇහුවා නෝනා. උඹට පිස්සුද කියලා ඇහුවා. 'හරි ඕන නෑ. එහෙනම් මේ වීදියේ අයට?' 'හා... මං දන්නවා උඹට මහ ලොකු අදහස් එන බව.' 'එහෙනම් මේ සේවකයන්ට?' 'සේවකයෝ මොකටද මේකට පටලවගන්නේ?' කියලා ඇහුවා. 'එහෙනම් අපේ ළමයින්ට?' 'ළමයින්ට කැවුම් වල අවශ්‍යතාවයක් නෑ' කිව්වා. 'එහෙනම් අපි දෙන්නට.' 'උඹට මොකටද කැවුම්...?' කියලා ඇහුවා. 'හා... හා... එහෙනම් ඔයාට විතරක් කැවුමක් හදලා දෙන්නම්' කිව්වා.

අපූරු දඬුවම....

මං මේ කිව්වේ තණ්හාව නිසා තමයි බැඳිලා යන්නේ. බැඳිලා ගියාට පස්සේ තමයි හිරවෙන්නේ ඒකට. හිරවෙන එකට කියනවා උපාදාන කියලා. එතකොට හිරවෙනවා කෙනෙක් කාමයට. ඒක කාම උපාදාන. හිරවෙනවා කෙනෙක් දෘෂ්ටි වලට. ඒක දිට්ඨි උපාදාන. හිරවෙනවා කෙනෙක් සීලව්‍රත වලට. ඒක සීලබ්බත උපාදාන. හිරවෙනවා කෙනෙක් මම ය, මාගේ ය, මාගේ ආත්මය කියන හැඟීමට. ඒක අත්තවාද උපාදාන.

මේ ළඟදි ඉන්දියාවේ එක හින්දු ගමක මං හිතන්නේ මුස්ලිම් කොල්ලෝ දෙන්නෙක් හරක් මස් වගයක් කාලා. ඒකට හින්දු බමුණන්ට කේන්ති ගිහිල්ලා ඒ කොල්ලෝ දෙන්නව එක්කගෙන ගිහිල්ලා හොඳටම ගහලා, හරකෙකුට වන්දලා, සිලි සිලි බෑග් එකකට හරක්

බෙටි ගෙනිහිල්ලා, කාපිය කිය කිය හරක් බෙටි කවනවා. මේ බලන්න ආගම් අදහන විදිහ. නැත්තේ මොකක්ද? මනුස්සකම. එතකොට බලන්න සීලබ්බත පරාමාසවලට ග්‍රහණය වුනාම වෙන දේ.

උපාදානයට හේතුව තණ්හාවයි....

බුදුරජාණන් වහන්සේ ආනන්දයන් වහන්සේගෙන් අහනවා "ආනන්දය, යමෙකු තුළ කිසිම අයුරකින් කිසිම ක්‍රමයකට උපාදානයක් නැත්නම්, හිරවීමක් නැත්නම්, උපාදාන නිරුද්ධ නම් භවයක් තිබෙයිද?" කියලා අහනවා. නෑ ස්වාමීනී කියනවා. ඊටපස්සේ බුදුරජාණන් වහන්සේ වදාළා "ආනන්දය, **තණ්හා පච්චයා උපාදානං** තණ්හාව නිසයි උපාදාන හටගන්නේ කියලා ප්‍රකාශයක් කළා. ඒක මෙහෙම තේරුම් ගන්න."

අප තුළ තණ්හාව වැඩ කරනවා හය ආකාරයකට. අපි ඇස් දෙකෙන් රූප බලන්න ආසයි. ඒක රූප තණ්හාව. කන් දෙකෙන් ශබ්ද අහන්න ආසයි. ඒක ශබ්ද තණ්හාව. නාසයෙන් සුවඳ ආඝ්‍රාණය කරන්න ආසයි. ඒක ගන්ධ තණ්හාව. දිවෙන් රස විඳින්න ආසයි. ඒක රස තණ්හාව. කයෙන් පහස ලබන්න ආසයි. ඒක ඵොට්ඨබ්බ තණ්හාව. මනසින් මේවා ගැන හිත හිතා ඉන්න ආසයි. ඒක ධම්ම තණ්හාව. බුදුරජාණන් වහන්සේ වදාළා "ආනන්දය, මේ හය ආකාර තණ්හාව යම් කෙනෙකු තුළ කිසිම තැනක කිසිම අයුරකින් නැත්නම්, නැත්තටම නැත්නම්, තණ්හාව සම්පූර්ණයෙන්ම නිරුද්ධ නම් එයාට උපාදානයක් හටගනියිද...?" කියලා අහනවා. **නෝ හේතං භන්තේ** නෑ ස්වාමීනී, කියනවා. "ඒ නිසා ආනන්දය, උපාදානයට ඕකමයි හේතුව. උපාදානයට ඕකමයි

නිදානය. උපාදානයට ඕකමයි හටගන්න හේතුවෙච්ච කාරණය. මොකක්ද ඒ? තෘෂ්ණාව.”

වේදනාව හය ආකාරයි....

ඊළඟට බුදුරජාණන් වහන්සේ වදාළා “ආනන්දය, **වේදනා පච්චයා තණ්හා** විඳීම නිසයි ආසාව ඇතිවෙන්නේ කියලා කාරණාවක් කියවුනා. ඒක මෙහෙම තේරුම් ගන්න” කියනවා. කී ආකාරයකට අපි විඳිනවද? සය ආකාරයකට විඳිනවා. ඇසේ ස්පර්ශයෙන් විඳිනවා. කනේ ස්පර්ශයෙන් විඳිනවා. නාසයේ ස්පර්ශයෙන් විඳිනවා. දිවේ ස්පර්ශයෙන් විඳිනවා. කයේ ස්පර්ශයෙන් විඳිනවා. මනසේ ස්පර්ශයෙන් විඳිනවා. එතකොට විඳීම කී ආකාරයිද? හය ආකාරයි. ඒ විතරක් නෙවෙයි, අපි ගත්තොත් ඇසේ ස්පර්ශයෙන් සැපත් විඳිනවා, දුකත් විඳිනවා, උපේක්ෂාවත් විඳිනවා. කනේ ස්පර්ශයෙනුත් ඒ විදිහට ම විඳිනවා. අනිත් ආයතන වල හටගන්න ස්පර්ශයෙනුත් ඔය තුන් ආකාරයට ම විඳිනවා. කොහොම වින්දත් ස්පර්ශයෙන් තමයි විඳින්නේ.

වින්දනයක් ලැබෙන අරමුණට ආසාව ඇතිවෙනවා....

දැන් අපි ගත්තොත් ඇසේ ස්පර්ශයෙන් විඳින රූපය ආශ්වාදජනක දෙයක් නම් අන්න තෘෂ්ණාව ඇතිවෙනවා. ඒ තෘෂ්ණාව මොකක්ද? රූප දකින්න තියෙන ආසාව. කනේ ස්පර්ශයෙන් ඇතිවෙන වින්දනයට ආසාවක් ඇතිවෙනවා නම් ඒක මොන ආසාවද? ශබ්ද අහන්න ඇතිවෙන ආසාව. නාසයේ ස්පර්ශයෙන් හටගන්න වින්දනයට ආසාවක් ඇතිවෙනවා නම් ඒක මොකක්ද? ගඳසුවඳ දැනගන්න තියෙන ආසාව. දිවේ ස්පර්ශයෙන්

හටගන්න වින්දනයට ආසාවක් ඇතිවෙනවා නම් ඒක මොකක්ද? රස විඳීමේ ආසාව. කයේ ස්පර්ශයෙන් හටගන්න වින්දනයට ආසාවක් ඇතිවෙනවා නම් ඒක මොකක්ද? පහස දැනීමේ ආසාව. මනසේ ස්පර්ශයෙන් හටගන්න වින්දනයට ආසාවක් ඇතිවෙනවා නම් ඒක මොකක්ද? සිතෙන් සිත සිතා සිටීමේ ආසාව. මේ විදිහට ආසාවට අහුවෙන්නේ විඳින නිසා.

බුදුරජාණන් වහන්සේ අහනවා ආනන්දයන් වහන්සේගෙන් "මේ සය ආකාර ස්පර්ශයෙන් හටගන්න විඳීම කිසිම අයුරකින් කිසිම විදිහකින් කිසිම ක්‍රමයකින් කෙනෙක් තුළ නැත්නම් ආසාව කියලා එකක් හටගන්නවාද?" කියලා. නෑ ස්වාමීනී කියනවා. "එසේ නම් ආනන්දයෙනි, තෘෂ්ණාවට නිදානය ඕකමයි. තෘෂ්ණාවට හේතුව ඕකමයි. තෘෂ්ණාව හටගන්න කාරණය ඕකමයි. ඒ තමයි විඳීම."

තණ්හාව නිසා සමාජයේ අර්බුද හැදෙන හැටි....

ඊටපස්සේ බුදුරජාණන් වහන්සේ මේ දේශනාවෙදි විස්තර කරනවා වේදනාව ප්‍රත්‍යයෙන් තෘෂ්ණාව හටඅරගෙන ඒක සමාජගත අර්බුදයක් දක්වා දුරදිග යන හැටි. මේකේ කියනවා "ආනන්ද, **වේදනං පටිච්ච තණ්හා** විඳීම නිසා තෘෂ්ණාව ඇතිවෙනවා. **තණ්හං පටිච්ච පරියේසනා** තෘෂ්ණාව ඇතිවුනාම හොයන්න පටන් ගන්නවා. **පරියේසනං පටිච්ච ලාභෝ** හොයන්න පටන් ගත්තාම ඒ හොයන දේ හම්බ වෙනවා. **ලාභං පටිච්ච විනිච්ඡයෝ** හම්බ වුනාම මේකේ වටිනාකම මෙච්චරයි කියලා ඒක විනිශ්චය කරනවා. **විනිච්ඡයං පටිච්ච ඡන්දරාගෝ** ඒ විනිශ්චය නිසා ඒකට ආසාවෙන් බැඳෙනවා.

ඡන්දරාගං පටිච්ච අජ්ඣෝසානං කැමැත්තෙන් ඇලුනට පස්සේ එක හිතේ බැසගන්නවා.

අජ්ඣෝසානං පටිච්ච පරිග්ගහෝ හිතේ බැසගත්තට පස්සේ ඒක හිතෙන් අයිති කරගන්නවා. **පරිග්ගහං පටිච්ච මච්ඡරියං** අයිතිකරගත්තට පස්සේ කාටවත් ඒක දෙන්න කැමති නෑ. මසුරු වෙනවා. **මච්ඡරියං පටිච්ච ආරක්ඛෝ** මසුරු වුනාට පස්සේ ඒක රැකගන්න මහන්සි ගන්නවා. **ආරක්ඛාධිකරණං පටිච්ච** රැකගැනීම සඳහා කරන අරගලයේදී **දණ්ඩාදාන** දඬුමුගුරු ගැනීම්, **සත්ථාදාන** අවි ආයුධ ගැනීම්, කලකෝලාහල, වාද විවාද, තෝ තොපි කියලා බැනගැනීම්, කේළාම් කීම්, බොරු කීම් ආදී නොයේක් පාපී අකුසල් හටගන්නවා" කියනවා.

සියල්ල අත්හැරලා ගියා....

දැන් බලන්න හිතලා බුදුරජාණන් වහන්සේගේ ජීවිතය. උන්වහන්සේ වයස කීයෙදිද ගිහි ජීවිතය අතඇරියේ? විසි නමයෙදි. උන්වහන්සේ රජමාළිගාවෙන් පිටවෙලා යද්දි දන්නවද කොහෙද යන්නේ කියලා? දන්නෙ නෑ. අඩුම ගානේ මගදි බොන්න වතුර බෝතලයක් ගත්තද? නෑ. මගදි මොනවහරි අනුභව කරන්න ඕනෙ කියලා කහවණුවක් ගත්තද අතට? කිසි දෙයක් නෑ. මහ රෑ ඡන්නවත් කතා කරගෙන පිටත් වෙලා ගියා. ගිහිල්ලා අනෝමා කියන ගඟෙන් එතෙර වුනා.

ඊටපස්සේ උන්වහන්සේට සටීකාර බ්‍රහ්මරාජයා ගෙන් සිවුරුයි පාත්තරේකුයි ලැබුනා. අර වස්ත්‍රාභරණ ඔක්කෝම අතඇරලා උන්වහන්සේ ඒ සිවුරුයි පාත්තරෙයි අරගත්තා. අරගෙන හිස රැවුල් බාලා සිවුරු පොරවගත්තා. ඊටපස්සේ උන්වහන්සේ ඒ අතඇරපු දේවල් දිහා ආපහු

බැලුවද? නෑ. ඔන්න සය අවුරුද්දක් දුෂ්කර ක්‍රියා කළා. ඊටපස්සේ උන්වහන්සේ ආපහු පාත්තරෙත් අරන් පිණ්ඩපාතේ වැඩියා. සම්බුද්ධත්වයට පත්වුනාට පස්සේ උන්වහන්සේට සඳුන් ලී වලින් කුටි හදලා දුන්නා. පිරිනිවන් පාන්න වඩිද්දි ඒවා ආනන්දයන් වහන්සේට ලිව්වද? නෑ. මහා කස්සප මහරහතන් වහන්සේට ලිව්වද? නෑ. මගෙන් පස්සේ මේ මේ අය භාරගන්න කියලා භාරදුන්නද? නෑ. දායක සභාවකට ලිව්වද? නෑ. සමිතියක් පිහිටෙව්වද? කිසි දෙයක් නෑ.

සැබෑම විමුක්තිය....

ඊළඟට උන්වහන්සේ පිරිනිවන් පාන්න කුසිනාරාවට වඩිද්දි ආනන්ද හාමුදුරුවන්ට වදාළද 'ආනන්දය, දැන් අපිට කුසිනාරාවට යන්න තියෙනවා. මගදි බොන්න වතුර ඕන වෙයි. වතුර ටිකක් ලෑස්ති කරගන්න' කියලා? නෑ. අතරමගදි උන්වහන්සේට පිපාසෙ හැදුනා. කලන්තේ හැදුනා. වතුර ටිකක් ඉල්ලපු වෙලාවේ වතුර නෑ. එතකොට සංඝයා බැන්නද ආනන්ද හාමුදුරුවන්ට 'ඔහේ හරි වැඩක් තමයි කරන්නේ... උපස්ථාන කරනවා කිය කිය ඉන්නවා... වතුර ටිකක් ලෑස්ති කරන් හිටියෙ නැද්ද භාග්‍යවතුන් වහන්සේට...?' කියලා? නෑ.

උන්වහන්සේලා ජීවත් වුනේ විමුක්තියත් එක්කයි. ඒ නිසා බුදුරජාණන් වහන්සේගේ ජීවිතය තුළ මේ කියන කිසිම අර්බුදයක් නෑ. සංඝයාගේ ජීවිතය තුළ කිසිම අර්බුදයක් නෑ. ඒ තමයි සැබෑම විමුක්තිය. විමුක්තියත් එක්ක ජීවත් වීමයි ලෝකෙත් එක්ක ජීවත් වීමයි කියන්නේ ජීවිත දෙකක්. ඒ ලෞකික ජීවිතේ අතහැරීම කියන එක මේ කාලේ අපිට හිතාගන්න බැරි එකක්.

රැකගැනීමේ අර්බුදය....

ඊටපස්සේ බුදුරජාණන් වහන්සේ මේ දේශනාවෙදි වදාරනවා "ආනන්දය, රැකගැනීම සඳහා කරන අරගලයේදී දඬුමුගුරු ගැනීම්, අවි ආයුධ ගැනීම්, කලකෝලාහල, වාද විවාද, තෝ තොපි කියලා බැනගැනීම්, කේළාම් කීම්, බොරු කීම් ආදී නොයේක් පාපී අකුසල් හටගන්නවා කියන කාරණය **ඉමිනාපේතං පරියායේන වේදිතබ්බං** මේ ක්‍රමයෙන් තේරුම් ගන්න. ආනන්දය, කිසිම අයුරකින්, කිසිම ක්‍රමයකින් ආරක්ෂාව පිළිබඳ ප්‍රශ්නයක් නැත්නම්, ආරක්ෂාව කියන එක නිරුද්ධ නම් දඬුමුගුරු ගැනීම්, අවි ආයුධ ගැනීම්, කලකෝලාහල, වාද විවාද, තෝ තොපි කියලා බැනගැනීම්, කේළාම් කීම්, බොරු කීම් ආදී මේ කිසිවක් තියෙනවාද?" කියලා අහනවා. මුකුත් නෑ කියනවා. එහෙනම් තේරුම් ගන්න කියනවා මේ අර්බුද ඔක්කෝමට හේතුව රැකගැනීමේ අරගලයයි කියලා.

දැන් බලන්න දේවදත්ත බුදුරජාණන් වහන්සේට ගල් පෙරලුවා. ඒ ගලේ පතුරක් වැදිලා උන්වහන්සේගේ මහපට ඇඟිල්ල තුවාල වුනා. උන්වහන්සේව පල්ලැක්කියකින් පහළ මද්දකුච්ඡි මිගදාය කියන තැනට වඩම්මවාගෙන ආවා. සංඝයා එකතුවෙලා කතා වුනා බුදුරජාණන් වහන්සේට ආරක්ෂාව සපයන්න ඕනෙ කියලා. බුදුරජාණන් වහන්සේ ඒක දැනගෙන සංඝයා රැස් කෙරෙව්වා. "මහණෙනි, මගේ ආරක්ෂාව පිළිබඳ කරදර වෙන්න එපා. තථාගතයන් වහන්සේ ස්ව කැමැත්තෙන් පිරිනිවන් පානකම් කාටවත් ඝාතනය කරන්න බෑ. ඔබලා ගිහිල්ලා පාඩුවේ සතිපට්ඨානයේ යෙදෙන්න" කිව්වා. දේවදත්ත මෙච්චර කුමන්ත්‍රණ කරද්දි ඒ විමුක්තියට පත්වුනු ජීවිතය තුළ ආරක්ෂාව පිළිබඳ අරගලය නෑ.

මසුරුකමේ විපාක....

ඊටපස්සේ බුදුරජාණන් වහන්සේ අහනවා "ආනන්දය, රැකගැනීමේ අරගලය එන්නේ මසුරුකමෙන්. මසුරුකම කියන එක (තමා සතු දෙයක් වෙනත් කෙනෙක් පාවිච්චි කරනවට අකමැත්ත) සම්පූර්ණයෙන් ම නැත්නම්, කිසිම ආකාරයකින් නැත්නම් රැකගැනීමේ අරගලය කියලා එකක් ඇතිවෙනවද?" කියලා අහනවා. නෑ කියනවා. දැන් බලන්න බුදුරජාණන් වහන්සේගේ කාලේ භික්ෂූන් වහන්සේලා සිවුරුවලට රෙදි කොහෙන්ද හොයාගත්තේ? අමු සොහොනෙන්. කවුරුවත් එතකොට ඕක ගන්නවද? නෑ. දානෙ වැළඳුවේ මොකේද? නිකම් මැටි පාත්තරයක. ඕක කවුරුවත් ගන්නවද? නෑ. ආරක්ෂාව පිළිබඳ කිසිම ගැටලුවක් තිබුනේ නෑ ඒ කාලේ.

අහක යන ප්‍රශ්න....

ඊටපස්සේ බුදුරජාණන් වහන්සේ වදාළා මසුරුකම ඇතිවෙන්නේ අයිතිවාසිකම් නිසා කියලා. ඔන්න අපි දන්නෙ නැති කොහේහරි ඉඩමක් තියෙනවා. ඔබේ ඤාතියෙක් ඔබට ඔප්පුවක් ගෙනත් දීලා කියනවා 'අනේ... මේක මට කලින් දෙන්න බැරිවුනා. අසවල් ඉඩම අයිති ඔබටයි. (කලින් නොතිබුනු ප්‍රශ්නයක් දැන් මේ එන්නේ) එන්න මං හොරෙන් ගිහින් පෙන්නනන්නම්. අන්න අර කට්ටිය පදිංචි වෙලා ඉන්නේ. මේකේ හැබෑම අයිතිකාරයා ඔයා' කියලා කියනවා. 'හා... එහෙනම් ගිහිල්ලා මට පෙන්නාපං' කියනවා. ඔන්න යනවා.

ඔන්න පොල් වත්තක් මැද්දේ ගෙයක් තියෙනවා. 'ආ... මේක අපේද?' කියලා අහනවා. 'ඔව්... මේකේ නියම හිමිකාරයා ඔයා' කියනවා. එතකොට මොකක්ද

ඇතිවෙන්නේ එයාගේ හිතේ? **පරිග්ගහං** අයිතිය හිතට
එනවා. ඊටපස්සේ අර මිනිස්සු ඉන්නවට කැමති
වෙනවද? නෑ. ඊටපස්සේ මොකක්ද කරන්නේ? නඩුවක්
දානවා. එහෙම තමයි සාමාන්‍යයෙන් වෙන්නේ. මං මේ
කියන්නේ සාමාන්‍ය ලෝකයේ තියෙන අර්බුද. හේතුඵල
වශයෙන් කැරකි කැරකී යන්නේ.

අසිරිමත් සම්බුදු නුවණ....

සබ්බසෝ පරිග්ගහේ අසති කෙනෙකුට සියලු
ආකාරයෙන් යමක් ගැන අයිතියක් නැත්නම් මසුරුකමක්
ඇතිවෙයිද? කියලා අහනවා. ඇතිවෙන්නේ නෑ. ඊළඟට
අයිතියක් ඇතිවෙන්නේ තමන්ගේ කියලා හිතේ බැස
ගැනීමෙන්. හිත ඒකේ බැසගන්නේ නැත්නම් ඒකේ
අයිතියක් හිතට එන්නේ නෑ කියනවා. හිත බැසගන්නේ
ඡන්දරාගය නිසා. ඡන්දරාගය නැත්නම් හිත බැසගන්නෙත්
නෑ කියනවා. ඊළඟට ඡන්දරාගය ඇතිවෙන්නේ මේක
මෙහෙමයි මෙහෙමයි කිය කිය විනිශ්චය කරන එකෙන්.
විනිශ්චය කිරීමක් නැත්නම් ඡන්දරාගය ඇතිවෙන්නේ
නෑ කියනවා.

විනිශ්චය කරන්නේ යමක් ලැබීමෙන්. ලැබීමක්
නැත්නම් විනිශ්චය කිරීමක් නෑ කියනවා. ලැබීම
තියෙන්නේ සෙවීමෙන්. සෙවීමක් නැත්නම් ලැබීමක් නෑ
කියනවා. ඊළඟට සොයන්නේ තණ්හාව නිසයි. තණ්හාව
නැත්නම් සෙවීමක් නෑ කියනවා. බුදුරජාණන් වහන්සේ
දේශනා කරනවා **"ඉති බෝ ආනන්ද ඉමේ ද්වේ ධම්මා**
මේ විදිහට ආනන්දය, සංසාරගත දුකට හේතුවන
තණ්හාව ත්, සමාජගත අර්බුදවලට හේතුවන තණ්හාව
ත් කියන මේ කරුණු දෙක එකම විදීමට දෙආකාරයකින්
එක් වෙලා තියෙනවා" කියලා.

විඳින්නේ ස්පර්ශය නිසයි....

ඊටපස්සේ බුදුරජාණන් වහන්සේ වදාළා "**ඵස්ස පච්චයා වේදනා** ආනන්දය, ස්පර්ශය ප්‍රත්‍යයෙන් විඳිනවාය කියලා කාරණයක් කිව්වා. ඒක මෙහෙම තේරුම් ගන්න. ආනන්දය, ඇසේ ස්පර්ශය - කනේ ස්පර්ශය - නාසයේ ස්පර්ශය - දිවේ ස්පර්ශය - කයේ ස්පර්ශය - මනසේ ස්පර්ශය කියන මේ හය ආකාරයේ ස්පර්ශය කෙනෙකු තුළ කිසිම ආකාරයකින් නැත්නම්, නැත්තටම නැත්නම්, කොහේවත් කොතැනකවත් නැත්නම්, ස්පර්ශය නිරුද්ධ නම් විඳීමක් කියලා එකක් තියෙනවද?" කියලා අහනවා. 'ස්වාමීනී, ස්පර්ශය නිරුද්ධ නම් විඳීමක් නෑ' කියනවා. "එහෙනම් ආනන්දය, තේරුම් ගන්න ස්පර්ශයමයි විඳීමට ප්‍රත්‍යය. ස්පර්ශයමයි විඳීමට නිදානය. ස්පර්ශයමයි විඳීම හටගන්න හේතුව කියලා."

ඊළඟට බුදුරජාණන් වහන්සේ වදාළා නාමරූප ප්‍රත්‍යයෙන් ස්පර්ශය හටගන්නවා කියලා කාරණයක් කියවුනා. ඒක මේ විදිහට තේරුම් ගන්න කියනවා. නාම කියලා කියන්නේ මොනවටද? වේදනා, සඤ්ඤා, චේතනා, ඵස්ස, මනසිකාර කියන පහට. රූප කියලා කියන්නේ සතර මහාභූතත් සතර මහාභූතයන්ගෙන් හටගත්තු දේත්. මේකේ විස්තර කරනවා යම් ආකාර වලින්, යම් සටහන් වලින්, යම් නිමිති වලින්, යම් පැනවීම් වලින්, යම් දෙයක් ගැන නමකින් කතා කරනවද....,

සුවිශේෂී විග්‍රහක්....

උදාහරණයක් හැටියට ගත්තොත් අපි දැන් ඔබට කියනවා මෙහෙම. දළ ඇතා. දළ ඇතා කියලා කියපු ගමන් දැන් ඔබේ හිතට මැවුනද නැද්ද? අලියෙක්ද මැවුනේ

ඇතෙක්ද? ඇතෙක්. විශේෂය මොකක්ද ඇතාගේ? දළ. දළ තියෙන්නේ කොහේද? හොඬවැල දෙපැත්තේ. එතකොට දළ මොන පාටද? දළ සුදු පාටයි. ඇතා මොන පාටද? කළු පාටයි. ඇතා පුංචිද? විශාලයි. ඇතාගේ කකුල් මොන වගේද? වංගෙඩි වගේ. කන් මොන වගේද? කුල්ල වගේ. නැට්ට මොන වගේද? කොස්ස වගේ. දැන් මේ කතාවුනේ නාමකාය.

මේ නාමකායට උවමනා කරන දේවල් රූපයේ තිබුනේ නැත්නම්.... දැන් ඔබ කුල්ල දැකලා නැත්නම්, කුල්ල කියලා රූපයක් තිබුනේ නැත්නම් ඔබට කුල්ල වගේ කියන එක හිතට ගන්න පුළුවන්ද? බෑ. කොස්ස කියලා එකක් තිබුනේ නැත්නම් ඔබට කොස්ස කියන එක හිතට ගන්න පුළුවන්ද? වංගෙඩිය කියලා එකක් රූපයකින් තිබුනේ නැත්නම් ඒක හිතට ගන්න පුළුවන්ද? බෑ. දළ කියලා එකක් රූපයකින් තිබුනේ නැත්නම් ඒක හිතට ගන්න පුළුවන්ද? බෑ. ඇතා කියලා සතෙක් රූපයකින් හිටියේ නැත්නම් හිතට ගන්න පුළුවන්ද? රූපයකින් තිබුනට නමක් නැත්නම් ගන්න පුළුවන්ද? බෑ.

රූපකායේ අධිවචනසම්ඵස්සය සහ නාමකායේ පටිඝසම්ඵස්සය....

දැන් අපි දළ ඇතා කියපු ගමන් ඔබේ හිතට ඒ රූපය මැවුනා. එහෙනම් ඒ නම ඔස්සේ සඤ්ඤාවක් ඇවිල්ලද නැද්ද? විඳීමක් ඇවිල්ලද නැද්ද? චේතනාව වැඩ කරනවද නැද්ද? අන්න නාම. ඒ නාම කයේ පැනවීමට හේතුවන සටහන්, නිමිති ආදිය නැත්නම් **රූපකායේ අධිවචනසම්ඵස්සෝ පඤ්ඤායේථාති.** රූපයකට

ව්‍යවහාරයක් ගේන්න පුළුවන්ද කියලා අහනවා. ඒ කියන්නේ ඒකට නමක් නැත්නම් අපිට ඒක ගැන මුකුත් කතා කරන්න බෑ. මොකක්හරි නමක් ඕනෙ. ඒකයි දැන් ඔබ දන්නවා ඇති විද්‍යාව ඉගෙන ගනිද්දි පොඩිකාලේ අපි ඉගෙන ගත්තා නමක් නැති එකට X කියලා දාන්න. ඒ කියන්නේ නමක් ගමක් දන්නෙ නැති යම්කිසි දෙයක් හෝ පුද්ගලයෙක් හඳුන්වන්න ඒ වගේ තනි අකුරක් අපි පාවිච්චි කළා. එහෙනම් රූපයකට අනිවාර්යයෙන්ම මොකක්හරි නමක් ඕනෙ. නාමයක් නොදා රූපයක් ගැන කතා කිරීමක් නෑ කියනවා.

ඊළඟට විස්තර කරනවා යම් ආකාර වලින්, යම් සටහන් වලින්, යම් නිමිති වලින් යුක්ත රූපයක් නැත්නම් නාමයකින් ඒ ගැන කතා කිරීමක් නෑ කියනවා. ඔන්න අපි කියනවා ඇතාගේ කන කළය වගේ කියලා. හරිද ඒක? වැරදියි. එහෙම එකක් ඒකේ නෑ. ඒක ව්‍යවහාරෙට ගන්න බෑ. එහෙනම් අපි කියන දේ රූපයේ තියෙන්න ඕනෙ. රූපයේ තියෙන දේ අපි කියන වචනවල තියෙන්න ඕනෙ. ඒක තමයි මේ නාමරූප කියලා කිව්වේ. ඒ තුළ තමයි ස්පර්ශය ඇතිවෙන්නේ. එහෙම නැත්නම් ඒක ගණුදෙනු කරන්න බැරි එකක්.

නාමරූප නිසා ස්පර්ශය හටගන්නේ මෙහෙමයි....

අපි කියමු ඔබට මම 'මෙන්න රසවත් කෑමක් ගෙනාවා' කියලා භාජනයක් දෙනවා. ඇරලා බලද්දි මොකුත් නෑ. අහනවා මොනවද ගෙනාවේ කියලා. හුළං ගෙනාවේ, කාලා බලන්න කියනවා. ප්‍රායෝගිකද ඒක? පුළුවන්ද කරන්න ඒක? බෑ. ඒ කතා කරපු දේ තුළ

අපි රසවත්ය කියලා කියපු එක එතන නෑ. එතකොට නාමරූපයන්ගේ තියෙන සම්බන්ධය මොකක්ද? රූපයේ යමක් තියෙනවාද ඒක හඳුනාගන්න අපි වචන ගොඩාක් කතා කරනවා. සඤ්ඤා ගොඩාක් කතා කරනවා. ඒකෙන් තමයි විඳීම හටගන්නේ.

ඉතින් බුදුරජාණන් වහන්සේ වදාළා මේ නිසා ස්පර්ශයට හේතුව නාමරූපයි. මේ නාමරූපයන්ගේ සම්බන්ධය නැත්නම් ස්පර්ශය නෑ කියනවා. දැන් අපි කියනවා අසවලාගේ ඇඟ කෙට්ටුයි කියලා. එතකොට ඔබට මැවෙන්නේ ස්ථූල ශරීරයක් තියෙන කෙනෙක්ද, කෙට්ටු ශරීරයක් තියෙන කෙනෙක්ද? කෙට්ටු ශරීරයක් තියෙන කෙනෙක්. අපි කියනවා අසවලාගේ පයේ බරවා. එතකොට බරවා බැහැපු කකුලක් නෙමෙයිද ඔබට මතකෙට එන්නේ? මේ විදිහට භෞතිකව ඒ රූපයේ තියෙන එක තමයි අපි නාමයෙන් කතා කරන්නේ. නාමයෙන් කියන එක තමයි රූපයෙන් කතා කරන්නේ.

විඤ්ඤාණය නිසා නාමරූප හටගන්නේ මෙහෙමයි....

ඊළඟට බුදුරජාණන් වහන්සේ ආනන්ද ස්වාමීන් වහන්සේට දේශනා කරනවා "විඤ්ඤාණ පච්චයා නාමරූපං ආනන්දය, විඤ්ඤාණය නිසා නාමරූප හටගන්නවා කියලා කාරණයක් කිව්වා. ඒක මේ විදිහට තේරුම් ගන්න. ආනන්දය, විඤ්ඤාණයක් මව්කුසේ බැස ගන්නේ නැත්නම් මව්කුසේ නාමරූප ඇතිවෙනවාද?"
"නෑ ස්වාමීනී"

"ආනන්දය, විඤ්ඤාණයක් මව්කුසේ බැසගෙන තිබිලා ආයෙත් මව්කුසෙන් බැහැර වුනොත්, නාමරූප

මෙබඳු ආකාරයේ ජීවිතයක් උපද්දවලා දෙනවද?" "නෑ ස්වාමීනී."

"ආනන්දය, දරුවෙකුගේ හෝ දැරියකගේ විඤ්ඤාණය කුඩා අවදියේ ම සිඳිලා ගියොත් ඊටපස්සේ මේ නාමරූපයන්ගේ වැඩීමක් සිද්ධ වෙනවද?" "නෑ ස්වාමීනී."

"එහෙනම් ආනන්දය, තේරුම් ගන්න නාමරූපයට මේකමයි හේතුව, මේකමයි නිදානය, මේකමයි ප්‍රත්‍යය. ඒ තමයි මේ විඤ්ඤාණය" කියලා.

විඤ්ඤාණය බැහැර වුනොත්....

සමහරු ඇවිල්ලා අපට කියනවා 'අනේ ස්වාමීනී, අපි බැඳලා දැන් අවුරුදු දහයක්. අපිට දරුවෝ නෑ' කියලා. මොකක්ද ඒකේ තේරුම? විඤ්ඤාණයක් ඒ මව්කුසේ බැසගත්තේ නෑ. තව සමහරු කියනවා 'අනේ ස්වාමීනී, මගේ කුසට දරුවෙක් ආවා. මාස දෙකයි ආයෙ නැතුව ගියා' කියලා. මොකක්ද ඒ වුනේ? බැසගත්තු විඤ්ඤාණය නැවත බැහැර වුනා. බැසගත්තු විඤ්ඤාණය බැහැර වුනාට පස්සේ මව්කුසේ දරුවා වැඩෙන්නේ නෑ. තව සමහරු කියනවා 'අනේ ස්වාමීනී, දරුවා ලැබුනා. ලැබිච්ච ගමන් මැරුනා' කියලා. මොකක්ද ඒ වුනේ? ඉපදිච්ච ගමන් විඤ්ඤාණය එතනින් බැහැර වුනා. ඊටපස්සේ නාමරූප වැඩෙන්නේ නෑ. එහෙනම් මේ නාමරූපයන්ගේ හටගැනීමට, වැඩීමට, පැවැත්මට සම්පූර්ණයෙන්ම අනුබල දෙන්නේ මොකක්ද? විඤ්ඤාණයයි.

ඔන්න කෙනෙක් භාරහාර වෙනවා දරු සම්පත් නෑ, දරුවෙක් ලැබෙන්න කියලා. ඊටපස්සේ කියනවා

'ස්වාමීනී, මගේ කුසේ දරුවෙක් පිහිටියා. දැන් මාස හතරයි බඩට' කියලා. ඒකේ තේරුම මොකක්ද? විඤ්ඤාණයක් මව්කුසේ පිළිසිඳ ගත්තා කියන එක. ඊටපස්සේ ඇවිල්ලා කියනවා 'ස්වාමීනී, බබාට නමක් දෙන්න' කියලා. ඒකේ තේරුම මොකක්ද? ළමයා ඉපදුනා කියන එක. ඊටපස්සේ කියනවා 'ස්වාමීනී, දැන් අපේ පුතාට අවුරුදු දෙකයි' කියලා. දැන් මොකක්ද මේ වෙන්නේ? විඤ්ඤාණය ප්‍රත්‍යයෙන් නාමරූපය වැඩෙනවා.

දිරාගිය දර කඩක් වගේ....

අපි කවදාහරි දවසක මැරෙද්දි අපේ මොකක්ද චුත වෙන්නේ? විඤ්ඤාණය. විඤ්ඤාණය චුත වෙච්ච ගමන් නාමරූප වලට මොකද වෙන්නේ? **ආයු උස්මා ච විඤ්ඤාණං - යදා කායං ජහන්තිමං - අපවිද්ධෝ තදා සේති - නිරත්ථංව කලිංගරං.** ආයුෂත් උණුසුමත් විඤ්ඤාණයත් මේ ශරීරයෙන් බැහැර වුනාට පස්සේ වැඩකට ගන්න බැරි දරකඩක් වගේ පොළවේ වැටෙනවා. අපේ කෙස් පැහෙන එක වේවා හම රැළි ගැහෙන එක වේවා කුදු වෙන එක වේවා කොර ගගහ යන එක වේවා මේ ඔක්කොම තියෙන්නේ විඤ්ඤාණයේ ක්‍රියාකාරීත්වය තියෙනකම්. විඤ්ඤාණය චුතවෙච්ච ගමන් ඉවරයි. බුදුරජාණන් වහන්සේගේ මේ විස්තරයෙන් අපි තේරුම් ගන්න ඕන විඤ්ඤාණයේ උදව්වෙන් තමයි නාමරූප තියෙන්නේ කියලා.

බටමිටි හේත්තුව....

ඊළඟට විස්තර කරන්නේ නාමරූප ප්‍රත්‍යයෙන් විඤ්ඤාණය පවතින හැටි. "ආනන්දය, විඤ්ඤාණයත්

නාමරූපයෙහි පිහිටක් ලබන්නේ නැත්නම් අනාගතයේ ජාති ජරා මරණ දුක්වල හටගැනීමක් පැනවෙනවද?" කියලා අහනවා. නෑ ස්වාමීනී කියනවා. එහෙනම් අනාගතයේ ඉපදීමක් තියෙන්නේ, ජරාමරණ දුක් තියෙන්නේ විඤ්ඤාණයට නාමරූපයේ උදව්ව ලැබෙන නිසා. නාමරූප තුළ විඤ්ඤාණය පිහිටන්නේ නැත්නම් ඒ විඤ්ඤාණය පහනක් නිවුනා වගේ නිරුද්ධ වෙනවා. ඒකට තමයි පිරිනිවන් පානවා කියන්නේ.

විඤ්ඤාණය තියෙන්නේ නාමරූප පිහිට කරගෙනයි. නාමරූප තියෙන්නේ විඤ්ඤාණය පිහිට කරගෙනයි. ඒක හරියට බටමිටි දෙකක් එකිනෙකට උපකාරයෙන් වැටෙන්නෙ නැති විදිහට හේත්තු කරලා තියෙනවා වගේ. එකක් අයින් කළොත් අනිත් එකත් වැටෙනවා. විඤ්ඤාණයත් නාමරූපත් එකිනෙකට උපකාරී වීමෙන් පවතින නිසා තමයි මේ ජාති ජරාමරණ දුක නැවතීමක් නැතුව දිගින් දිගට ම පවතින්නේ.

මුළු සසර ම මෙපමණකින්....

බුදුරජාණන් වහන්සේ වදාළා "**එත්තාවතා ඛෝ ආනන්ද** ආනන්දය, මෙපමණකින්මයි **ජායේථ** වා ඉපදෙනවා කියලා කියන්නේ. **ජීයේථ** වා ජරාවට පත්වෙනවා කියලා කියන්නේ. **මීයේථ** වා මැරෙනවා කියලා කියන්නේ. **චවේථ** වා චුතවෙනවා කියලා කියන්නේ. **උපපජ්ජේථ** වා ආයෙ උපදිනවා කියලා කියන්නේ. **එත්තාවතා අධිවචනපථෝ** මේ ලෝකයේ නම්ගොත් භාවිතය තියෙන්නෙත් ඔපමණකින්. **එත්තාවතා නිරුත්තිපථෝ** මේ ලෝකයේ එක එක විග්‍රහයන් තියෙන්නෙත් ඔපමණකින්මයි. **එත්තාවතා විඤ්ඤත්තිපථෝ** මේ ලෝකයේ යම් යම් පැණවීම්,

සම්මුති ආදිය තියෙන්නෙත් ඔපමණකින්මයි. එත්තාවතා පඤ්ඤාවචරා නුවණ මෙහෙයවීම තියෙන්නෙත් ඔපමණකින්මයි. එත්තාවතා වට්ටං වත්තති සසර සැරිසරා යාම තියෙන්නෙත් ඔපමණකින්මයි. යදිදං නාමරූපං සහ විඤ්ඤාණේන අඤ්ඤමඤ්ඤපච්චයතාය පවත්තති. ඒ තමයි නාමරූපය විඤ්ඤාණයත් සමග එකිනෙකට උපකාර වීමෙන් පැවතීම.

ආර්ය අෂ්ටාංගික මාර්ගය....

නාමරූපය විඤ්ඤාණය සමග එකිනෙකට උපකාර වීමෙන් තිබීම තමයි සම්පූර්ණ සංසාරය කියලා කියන්නේ. සංසාරය නෑ කියලා කියන්නේ නාමරූප - විඤ්ඤාණ සම්බන්ධය නැතිවීම. නාමරූප විඤ්ඤාණ සම්බන්ධය නැතිවෙන්නේ තෘෂ්ණාව නැතිවීමෙන්. තෘෂ්ණාව නැතිවෙන්නේ අවිද්‍යාව නැතිවීමෙන්. අවිද්‍යාව නැතිවෙන්නේ ආර්ය සත්‍යය අවබෝධ වීමෙන්. ආර්ය සත්‍යය අවබෝධ වෙන්නේ සීල සමාධි ප්‍රඥාවෙන්. ඒ කියන්නේ ආර්ය අෂ්ටාංගික මාර්ගයෙන්.

පින්වත්නි, බුදුරජාණන් වහන්සේ පෙන්වා දීපු මේ පරම ගම්භීර ධර්මය අපට වැටහුනේ නැති වුනාට මෙහෙම ධර්මයක් බුදු කෙනෙක් පහළ වෙලා දේශනා කළා කියලා අහන්න ලැබීමත් අපේ ජීවිතයේ තියෙන වාසනාවක් නෙමෙයිද? ඊළඟට බුදුරජාණන් වහන්සේ මේකේ විස්තර කරන්නේ ආත්මය ගැන ලෝකයේ තියෙන එක එක මතවාද ගැන.

උපනිෂද් ධර්මය....

ඉස්සර බුදුරජාණන් වහන්සේ පහළ වෙන්න කලින් තිබුනා උපනිෂද් කියලා ධර්මයක්. ඒ කාලේ සාධුවරුන්ට

එහෙමත් නැත්නම් ඍෂිවරුන්ට තිබුන ලොකුම ප්‍රශ්නය
තමයි මොනවා කළත් කාටවත් මේ පැවැත්මෙන් නිදහස්
වෙන්න බැරි ඇයි? කියන එක. ඒ කියන්නේ කොච්චර දුරට
භාවනාවදියුණු කළත් ඒකාලේ යන්න තියෙන්නේ කොහෙද
අන්තිමට? එක්කෝ නේවසඤ්ඤානාසඤ්ඤායතනයට.
එහෙම නැත්නම් ආකිඤ්චඤ්ඤායතනයට. එහෙම
නැත්නම් විඤ්ඤාණඤ්චායතනයට. එහෙම නැත්නම්
ආකාසානඤ්චායතනයට. ආයෙත් ඉපදීමක්මයි
තියෙන්නේ. ඒ ලෝකවල ආයුෂ අවසන් වුනාට පස්සේ
ආයෙ පහළ ලෝකවලට එනවා. එක්කෝ ආයෙ මනුස්ස
ලෝකෙට එනවා. ඇවිල්ලා ආයෙමත් තපස් කරනවා.
ආයෙමත් ධ්‍යාන වඩනවා.

ඊටපස්සේ ඔන්න පෙර විසූ කඳ පිළිවෙළ දකිනා
ඤාණය පහළ වෙනවා. එතකොට පේනවා කල්ප ගණන්
ඉපදි ඉපදි මැරි මැරි ඇවිල්ලා තියෙනවා. කොච්චර
තපස් කළත් ධ්‍යාන වැඩුවත් නිදහස් වීමක් නෑ කියලා.
ධ්‍යාන වැඩුවට ආසවක්ඛය ඤාණය පහළ වෙලා නෑනේ
කාටවත් බුදු කෙනෙක් නැතුව. එතකොට මොකද වුනේ,
මේගොල්ලන්ට ඇතිවුනා හැඟීමක් 'නැවත නැවත අපි
මේ භවයෙන් භවයට කැරකි කැරකි යන්නේ මෙතන
නොවෙනස් වන ආත්මයක් තියෙන නිසයි' කියලා
හිතුනා. මොකද හේතුව, මේ උපතින් නිදහස් වීමක්
පේනතෙක් මානෙක නෑ. විමුක්තියක් කියලා හිතාගෙන
කල්ප ගණන් බ්‍රහ්මලෝකෙ ගිහිල්ලා ඉන්නවා. ඔන්න
ආයෙ චුතවෙනවා. චුතවෙලා ආයෙ කොහේහරි ගිහිල්ලා
උපදිනවා. නිදහස් වීමක් නෑ.

අමුතු දහමක්....

ඒ නිසා උපනිෂද්වල තියෙනවා ඒ ඍෂිවරයා

ගෝලයාට 'යන්න අර නුග ගහ ළඟට' කියලා කියනවා. යනවා. 'ගේන්න නුග ගෙඩියක්' කියනවා. ගේනවා. 'ඔය නුග ගෙඩිය පලන්න' කියනවා. පලනවා. 'ගන්න නුග බීජයක්' කියනවා. (නුග බීජයක් කියන්නේ චූටි ලේඩියෙක් වගේ එකක්නේ) නුග බීජයක් අරන් දෙනවා. ඒක පෙන්නලා අහනවා 'දැක්කද? මේකෙනුයි මේ නුග ගහ හැදුනේ. **තත් ත්වමසි** ඒ ඔබයි' කියලා කියනවා.

ඒ කාලේ හැටියට එහෙම එකක් කිව්වහම මහා දාර්ශනික එකක් වගේ. අපිට මේක නිකම් අන්ඩරදෙමළ වගේ. ඒකේ තේරුම මොකක්ද? 'මහා විශාල නුග ගහක් බවට පත්වෙච්ච බීජය වගෙයි ඔබේ ආත්මය' කියන එක. එහෙම සමාජයක තමයි බුදුරජාණන් වහන්සේ මේ හේතුඵල දහම ගැන කතා කළේ. ඒකයි ඒ කාලේ මේ ආත්මය ගැන ගොඩාක් විස්තර කියාදෙන්න සිද්ධ වුනේ. දැන් කාලේ ඉස්සර වගේ ආත්මය ගැන කතාවක් නෑ. ඔය මොනවාහරි කාලා ටෙලිෆෝන් එකක් අතේ තියාගෙන හිටියාම ඇති.

රට යන අත....

මට මේ ළඟදි එක ටියුෂන් ගුරුවරයෙක් කිව්වා ඒ සර් පන්තියේ උගන්නද්දි (ළමයි ටියුෂන් ක්ලාස්වල සල්ලි දීලනේ ඉගෙන ගන්නේ) එක ළමයෙක් ෆෝන් එකක් තියාගෙන ඔබ ඔබ ඉඳලා. එතකොට මේ සර් ඒ ළමයගෙ ෆෝන් එක අරගෙන මේසේ උඩ පැත්තකින් තියලා. පන්තිය ඉවර වෙලා බලද්දි මැසේජ් 20 යි. මිස්ඩ් කෝල් 67 යි. ඒ පන්තියේම කෙළවරේ ඉන්න කෙල්ලෙක් තමයි ඒවා එවලා තියෙන්නේ. ඔන්න බලන්න මේ සමාජය යන අත. ඔය වගේ සමාජයක ඉන්න අයට අනාගතයේ

බුදු කෙනෙකුගේ ධර්මයක හුළඟවත් වදියිද? ඔහේ මොනවහරි ලැටි ගාගෙන කාලා, මොන ක්‍රමයකින් හරි හිතේ ඇතිවෙන කාම දාහය සංසිඳුව ගන්න එක විතරයි තියෙන්නේ. ප්‍රඥාව සෙවිල්ලක් නෑ අනාගතයේ.

ඒ කාලේ එහෙම නෙමෙයි. ඒ කාලේ තපස් කළා. වීරිය කළා. මහන්සි වුනා. හැබැයි කොච්චර මහන්සි වුනත් උත්තරයක් නෑ. ඇයි හේතුව, ආයෙමත් කොහේහරි ගිහිල්ලා උපදිනවාමයි. වෙනසක් වෙන්නේ නෑ. මේ උපතින් නිදහස් වෙන සැබෑ ක්‍රමය ගැන දන්නේ නෑ. බුදුරජාණන් වහන්සේ තමයි දේශනා කළේ මේ මේ හේතු වලින් මේක හටගන්නේ. මේකේ ආත්මයක් නෑ කියලා. ඉතින් බුදුරජාණන් වහන්සේ මෙතනදි ආනන්ද ස්වාමීන් වහන්සේට ඒ ආත්මය ගැන අන් අය තුළ තියෙන නොයෙක් මතවාද ගැන තමයි විස්තර කරන්නේ.

කෝතුහල මංගලික....

දැන් බලන්න එතකොට හිතලා මේ හේතුඵල දහම, මේ පටිච්ච සමුප්පාද ධර්මය ඔබ මේ ජීවිතේ හරි විදිහට ඉගෙන ගෙන, මනාකොට පුරුදු කරගත්තොත් ඔබට මේක සංසාරෙට උපකාරී වෙනවද නැද්ද? උපකාරී වෙනවා. මේ පුරුදු කරගන්න දේ තමයි සංස්කාර බවට පත්වෙන්නේ.

බුද්ධ කාලේ මංගල කාරණා, සුභ අසුභ දේවල් හොයන එක බ්‍රාහ්මණයෙක් හිටියා. ඒකට කියන්නෙ කෝතුහල මංගලික කියලා. දවසක් මේ බ්‍රාහ්මණයා නාන්න ගිහිල්ලා සේවකයෙක් එව්වා මගේ පෙට්ටගමේ තියෙන අසවල් සළු දෙක අරන් වරෙන්. මට පොරවගන්න කියලා. සේවකයා සළු දෙක අරන් ගිහිල්ලා බ්‍රාහ්මණයා

අතට දුන්නා. අතට අරන් බලද්දි සළු දෙකම මීයෝ කාලා. ඒ කාලේ සමහර මිනිස්සු කල්පනා කළා වස්ත්‍රයක් මීයෝ කෑවාම ඒක මහා අවමංගල කාරණයක් කියලා.

ඉතින් මේ බ්‍රාහ්මණයාත් ඒ වස්ත්‍ර දෙක භයානක සර්පයෙක් වගේ 'හී....' කියලා බිම අතඇරියා. අතඇරලා සේවකයන්ට කිව්වා 'ආ... උඹලා ළං වෙන්න එපා මේකට... මේක මහා අනතුරක්... මේ වස්ත්‍ර දෙක මීයෝ කාලා' කියලා කිව්වා. ඊටපස්සේ කල්පනා කළා 'බැරිවෙලාවත් මේක මම විසිකරන්න කියලා සේවකයන්ට දුන්නොත් මෙවුන්ගේ ලෝභකමට මේක ගනියි. ගත්තොත් අපේ සේවකයෝ නිසා මේක අපිටත් බලපායි' කියලා පුතාට අඬගහලා කිව්වා 'පුතේ... මේ භයානක ලකුණක් පහළ වෙලා. මේ වස්ත්‍ර දෙක මීයෝ කාලා. අතින් ස්පර්ශ කරන්න එපා. වස් වදියි. කෝටුවකින් ගනිං. අරගෙන ගිහින් සොහොනට දමාපං' කියලා කිව්වා.

මේක භයානක අවමංගල කාරණයක්...!

බුදුරජාණන් වහන්සේ එදා උදෑසන බැලුවා කාටද අද මං පිහිට වෙන්නේ කියලා. එතකොට දැක්කා මේ බ්‍රාහ්මණයාටයි එයාගේ පුතාටයි සෝවාන් වෙන්න පින තියෙනවා. කලින් ආත්මෙකත් මේගොල්ලෝ මේ දෘෂ්ටියේ ඉඳලා බෝසතාණන් වහන්සේ ඒ දෙන්නව දමනය කරලා තියෙනවා. ඊටපස්සේ බුදුරජාණන් වහන්සේ අමුසොහොනට වැඩලා ඒ සොහොන් දොරටුව ගාව බිම වාඩිවෙලා ඉන්නවා. එතකොට අර පුතා සර්පයෙක් අල්ලන් යනවා වගේ ලීයකින් අර රෙදි කෑලි දෙක අරගෙන එතනට ආවා. බුදුරජාණන් වහන්සේ අහනවා 'පුතා මොකද මේ..?' 'භවත් ගෞතමයන් වහන්ස, මං මේක විසි කරන්න ආවේ' 'ආ... එහෙනම් විසි කරන්න'

විසි කළාට පස්සේ බුදුරජාණන් වහන්සේ වැඩලා ඒක අහුලගත්තා. 'ආ... භවත් ගෞතමයන් වහන්ස, ඕක නම් ගන්න එපා. ඔය මහා භයානක අවමංගල්‍ය කාරණයක්. ඕක ගත්තොත් විනාශ වෙයි' 'පුත්‍රය, අපිට තියෙන්නේ ඉතින් මේ වගේ ඒවා තමයි. අපි මේ වීදිවල, හතරමං හන්දිවල, අමුසොහොනේ මිනිස්සු විසි කරපු රෙදි කෑලි අරන් තමයි මේ සිවුරු හදාගන්නේ' මේ පුතා ආපහු දුවගෙන ගියා තාත්තා ළඟට. ගිහිල්ලා කියනවා 'හරි වැඩේ වුනේ පියාණෙනි, අන්න භවත් ගෞතමයන් වහන්සේ මම විසි කරපු වස්ත්‍ර දෙක අරගත්තා.'

මිථ්‍යා දෘෂ්ටිය අතහැරියා....

බ්‍රාහ්මණයා නළලේ අතගහගත්තා. 'චැ චැ හරි වැඩේනේ... භවත් ගෞතමයන් වහන්සේත් දැන් මේකෙන් කරදරේ වැටෙනවා. වේළුවනාරාමෙත් මේකෙන් වැනසෙනවා. යමං... අපි අලුත් වස්ත්‍ර දෙකක් අරන් ගිහිල්ලා දීලා ඒ දෙක විසි කරන්න කියමු' කියලා පහුවදා අලුත් වස්ත්‍ර දෙකක් අරගෙන ගියා. ගිහිල්ලා කියනවා 'භවත් ගෞතමයන් වහන්ස, ඔබවහන්සේ අර අපි විසිකරපු වස්ත්‍ර දෙක ඇහිලුවද?' 'ඔව් බ්‍රාහ්මණය මං ඒක ගත්තා' 'හප්පේ... ඕක ගන්න එපා. ඕක මහා අසුභ දෙයක්. ඔය වස්ත්‍ර දෙකම මීයෝ කාලා තියෙන්නේ' කිව්වා. එතකොට බුදුරජාණන් වහන්සේ ඒ දෙන්නට 'ඔය දෙන්නා කලින් ආත්මෙකත් ඔය දෘෂ්ටියේ ඉඳලා මම ඔය දෙන්නව ඒ දෘෂ්ටියෙන් ගලවගත්තා' කියලා ජාතක කථාව කියා දීලා, කරුණු පැහැදිලි කරලා දුන්නා. එතකොට ඒ දෙන්නාගේ ඒ මිථ්‍යා දෘෂ්ටිය නැතිවෙලා ගියා.

අදත් සමහර අයට ඔය වගේ දෘෂ්ටි තියෙනවා නේද? ගමනක් යන්න පිටත් වෙද්දි හූනෙක් කෑගැහුවොත් 'හා... හා... දැන්ම යන්න එපා. ආන්න හූනා කිව්වා. ටිකක් වෙලා ඉඳලා පලයං...' කියනවා. සමහරු ගමනක් යන්න ඉස්සෙල්ලා වම් පය ඉස්සරහට ගියොත් ආපහු පස්සට ඇවිල්ලා ආයෙ දකුණු පය ඉස්සරහට තියලා යනවා. ඒවාට කියන්නේ **කෝතූහල මංගලික** කියලා. ඒ කියන්නේ ඒවා කුතුහලයෙන් යුක්තයි. නමුත් ඒවා මංගල කාරණා හැටියට සම්මත කරගන්නවා. යථාර්ථය නොදන්න මිනිස්සු මේ වගේ එක එක දේවල් අදහා ගන්නවා.

අධ්‍යයනය කිරීම සහ සරණ යෑම....

අපි මේ පටිච්ච සමුප්පාද ධර්මය හොඳට පුරුදු කළොත් අන්න ප්‍රඥාව වැඩෙන සංස්කාරයක් හැටියට අපේ සංසාරෙට මේක එකතු වෙනවා. ඒකට නිහතමානීව, කලබල නැතිව පටිච්ච සමුප්පාදයේ තියෙන විදිහට නුවණින් විමසන්න ඕනෙ. දැන් අපි ගත්තොත් පටිච්ච සමුප්පාදයේ උගන්වනවා **ආයතන හය නිසා ස්පර්ශය හටගන්නවා** කියලා. මේ මහා නිදාන සූත්‍රයේ තියෙනවා **නාමරූප නිසා ස්පර්ශය හටගන්නවා** කියලා. ඊළඟට නාමරූප නිසා ස්පර්ශය හටගන්නේ කොහොමද කියලත් විස්තර කරනවා.

ඒක අහලා කෙනෙක් කිව්වොත් 'හා... එහෙම කොහොමද වෙන්නේ?' කියලා එයාට මේ ධර්මයේ පිළිසරණ ලබන්න බෑ. මොකද හේතුව, බුදුරජාණන් වහන්සේ මේ දේශනා කරලා තියෙන රටාව හරි එකක්. මේ ධර්මය අපිට අධ්‍යයනය කරන්න තියෙන එකක් නෙමෙයි. එහෙනම් මොකටද තියෙන්නේ? සරණ යෑම

පිණිසයි. සරණ යෑම කියන එකයි අධ්‍යයනය කිරීම කියන එකයි දෙකක්. අධ්‍යයනය කියන එක ස්වාධීන එකක්. ඒක පිහිටක් කරගන්න දෙයක් නෑ. සරණ යනවා කියන්නේ පිහිට කරගැනීම.

පිහිට කරගැනීම කියන එකයි අධ්‍යයනය කිරීමයි දෙකක්. සරණ යෑම තියෙන එක්කෙනා බලන්නේ ඒ ධර්මය තුළින් තමන්ගේ අකුසල් දුරුකරගෙන කුසල් දියුණු කරගන්නයි. අධ්‍යයනය කරන එක්කෙනා කරන්නේ අධ්‍යයනය කරලා කරලා ඇදේ හොයා ගන්නවා. ඕක මෙහෙම තිබුනට ඕක මෙහෙමයි වෙන්න ඕනෙ, අරහෙමයි වෙන්න ඕනෙ කිය කිය වාද කරනවා. මොකක්ද ඒ කරන්නේ? සර්පයාගේ නැට්ටෙන් අල්ලනවා. කිසි ඵලයක් ලැබෙන්නේ නෑ.

විපත් තුනක්....

බුදුරජාණන් වහන්සේගේ කාලේ හිටිය මිනිස්සුන්ට නොයේක් ආකාරයේ දෘෂ්ටි තිබුනා. අර බ්‍රහ්මජාල සූත්‍රයේත් විස්තර කරනවනේ ඒ කාලේ තිබුන දෘෂ්ටි ගැන. ඊළඟට ඒ කාලේ හිටිය ආගමික ශාස්තෘවරුත් නොයෙක් ආගමික මත කියාගෙන ගියා. සමහර ආගමික මත බොහොම භයානක දේවල්. ඉතින් ඒවා පිළිගත්තු කොටසකුත් හිටියා.

බුදුරජාණන් වහන්සේ දේශනා කරලා තියෙනවා මනුස්සයෙකුට සිද්ධ වෙන විපත්ති තුනක් ගැන. එකක් තමයි **සීල විපත්තිය**. ඔන්න කෙනෙක් ඉන්නවා සත්වඝාතනයකට හවුල් වෙලා. එතකොට එයාගේ සීලය විපත්තියකට පත්වෙලා. කෙනෙක් ඉන්නවා හොරකමේ යෙදෙනවා. එයාගේ සීලය විපත්තියට පත්වෙලා.

කෙනෙක් ඉන්නවා වැරදි කාම සේවනයේ යෙදෙනවා. එයාගේ සීලය විපත්තියට පත්වෙලා. කෙනෙක් ඉන්නවා බොරුවෙන් ජීවත් වෙනවා. එයාගේ සීලය විපත්තියට පත්වෙලා. කෙනෙක් ඉන්නවා මත්පැන් මත්ද්‍රව්‍ය පාවිච්චි කරනවා. එයාගේ සීලය විපත්තියට පත්වෙලා. බුදුරජාණන් වහන්සේ වදාළා සීල විපත්තිය නිසා මරණින් මත්තේ නිරයේ යනවා කියලා.

කෙලෙස් නිසා සිත දූෂිත වීම....

දෙවෙනි එක **චිත්ත විපත්තිය**. චිත්ත විපත්තිය කියන්නේ අනුන් සතු දේට හිතේ ආසාව බැඳගෙන ඉන්නවා 'මේක මං ගන්න ඕනෙ... කොහොමහරි මට අයිති කරගන්න ඕනෙ...' කියලා. ඒකට කියන්නේ **අභිජ්ඣා**. ඊළඟට **ව්‍යාපාද**. ද්වේශයෙන් තරහෙන් වෛරයෙන් ඉන්නවා 'මට මේකාගෙන් පළිගන්න ඇත්නම්... මෙහෙම කරන්න ඇත්නම්... අරහෙම කරන්න ඇත්නම්...' කියලා. මේ දෙකට තමයි චිත්ත විපත්ති කියලා කියන්නේ. එතකොට මනුස්සයෙක් විපතට පත්වෙනවා දුස්සීල වීමෙන්. ඊළඟට විපතට පත්වෙනවා අනුන්ගේ දේට ආසා කිරීමෙන් සහ ද්වේශයෙන්. යම්කිසි කෙනෙකුට බලවත් ද්වේශයක් ආවා කියන්නේ සිත විපත්තියට පත්වුනා. අනුන් සතු දේකට බලවත් ආසාවක් ඇතිවුනා කියන්නේ සිත විපතට පත්වුනා. විපතට පත්වෙච්ච සිතකින් සැපතක් උදාකරන්නේ නෑ. මරණින් මත්තේ නිරයට යනවා.

භයානක ම අකුසලය....

තුන්වෙනි එක **දිට්ඨි විපත්ති**. දිට්ඨි විපත්ති කියන්නේ මිත්‍යා දෘෂ්ටිය. මිත්‍යා දෘෂ්ටිය කියන්නේ මව්පියන් නෑ. මෙලොව නෑ. පරලොව නෑ. හිත දියුණු කරපු අය නෑ.

ඕපපාතික සත්වයෝ නෑ. පින් පව්වල විපාක නෑ කියන අදහස. දැන් ලෝකයේ ඔය මිත්‍යා දෘෂ්ටිය තමයි වැඩි. ඒ මිසදිටුව තුළ මිනිස්සු බලාපොරොත්තු වෙන්නේ කොහොමහරි එක්කෙනාට එක්කෙනා භය කරගෙන, ගරහගෙන, නින්දා අපහාස කරගෙන තමන්ගේ කාරණය ඉෂ්ට කරගන්නයි.

මං කලින් කිව්වේ අර බංග්ලාදේශයේ රෙස්ටුරන්ට් එකකට ගැහුවා කියලා. එතන ලේ විලක්. අර ගිනි නිවන්න පාවිච්චි කරන ලොකු රතු පාට බෝතල් වගේ ඒවා තියෙන්නේ. ඒවායෙන් සමහර මිනිස්සුන්ගේ ඔළුව චප්ප කරලා. මොකටද මේ කරන්නේ? භය කරන්න. භය කිරීම තුළ තව කෙනෙක්ව සලිතයට පත්කරලා දමනය කරන්න හදනවා නම් ඒක මිත්‍යා දෘෂ්ටියක්. සමහරු නින්දා අපහාස කරලා දමනය කරන්න හදනවා. ඒ ඔක්කොම මිසදිටු. ඒ මිසදිටුව නිසා මොකද වෙන්නේ එයා මරණින් මත්තේ නිරයේ යනවා.

මේ විපත් වලින් බේරෙන්න නම්....

එතකොට මනුස්සයෙකුට සිද්ධ වෙන ප්‍රධාන විපත්ති තුනක් තියෙනවා. මොනවද ඒ විපත්ති තුන? සීල විපත්තිය (දුස්සීල වීම), චිත්ත විපත්තිය (අභිධ්‍යා - ව්‍යාපාද), දිට්ඨි විපත්තිය (මිත්‍යාදෘෂ්ටිය). මේවායින් විපත්තියට පත්වුනහම මනුස්සයෙකුට කිසිම පිහිටක් පිළිසරණක් නෑ. ධර්මය සරණ කරගැනීමේ තියෙන වාසිය තමයි මේ විපත්ති වලින් බේරෙන්න තමන්ට අවස්ථාව ලැබෙනවා.

මේ දේශනාවේ ඊළඟට බුදුරජාණන් වහන්සේ වදාළා සමහරු ඉන්නවා මේ විදීමත් ආත්මය හැටියට

සලකනවා. "ආනන්දය, මේ විඳීම මාගේ ආත්මයයි කියලා කවුරුහරි කිව්වොත් එයාගෙන් මෙහෙම අහන්න. 'ඇවැත්නි, සැප විඳීම - දුක් විඳීම - උපේක්ෂා විඳීම කියලා මේ විඳීම් තුනක් තියෙනවා. මේ විඳීම් තුනෙන් ඔබ ආත්මය හැටියට දකින්නේ කොයි විඳීමද?' කියලා. ආනන්දය, සැප විඳීම තියෙන වෙලාවට දුකත් නෑ. උපේක්ෂාවත් නෑ. දුක් විඳීම තියෙන වෙලාවට සැපත් නෑ. උපේක්ෂාවත් නෑ. උපේක්ෂා වේදනාව තියෙන වෙලාවට සැපත් නෑ. දුකත් නෑ. මේ විදිහට නිරන්තරයෙන් වෙනස්වන විඳීමක් තියෙන්නේ.

හැම විඳීමක් ම අනිත්‍යයි....

ආනන්දය, මේ සැප විඳීම - දුක් විඳීම - උපේක්ෂා විඳීම කියන විඳීම් තුන ම අනිත්‍යයි. හේතුප්‍රත්‍යයන්ගෙන් හටගන්නේ. පටිච්ච සමුප්පාදයෙන් හටගන්නේ. ගෙවිලා යන ස්වභාවයෙන් යුක්තයි. නැසී යන ස්වභාවයෙන් යුක්තයි. නොඇලිය යුතු ස්වභාවයෙන් යුක්තයි. ඇල්ම නිරුද්ධ වෙන ස්වභාවයෙන් යුක්තයි." (මේ විඳීම ඇල්ම නිරුද්ධ වෙන ස්වභාවයෙන් යුක්ත නිසා තමයි තමයි යථාභූත ඤාණය ඇතිවෙච්ච ගමන් ඇල්ම නිරුද්ධ වෙන්නේ.)

ඊටපස්සේ බුදුරජාණන් වහන්සේ වදාළා "**සත්ත ඛෝ ඉමා ආනන්ද විඤ්ඤාණට්ඨිතියෝ**. ආනන්දය, මේ විඤ්ඤාණය පිහිටන තැන් හතක් තියෙනවා. මොනවද ඒ? පළවෙනි එක තමයි **නානත්තකායා නානත්තසඤ්ඤිනෝ** කයෙනුත් වෙනස්. සඤ්ඤාවෙනුත් වෙනස්. ඒ තමයි මිනිස්සු, ඇතැම් දෙවිවරු, ඇතැම් විනිපාතික සත්වයෝ. දෙවෙනි එක **නානත්තකායා ඒකත්තසඤ්ඤිනෝ** කයෙන් වෙනස්. හැබැයි එකම සඤ්ඤාවෙන් ඉන්නවා. ඒ තමයි

බ්‍රහ්මකායික දෙවිවරු. තුන්වෙනි එක **ඒකත්තකායා නානත්තසඤ්ඤිනෝ** කයෙන් එකයි. සඤ්ඤා වලින් වෙනස්. ඒ තමයි ආභස්සර බ්‍රහ්ම ලෝකය. හතරවෙනි එක **ඒකත්තකායා ඒකත්තසඤ්ඤිනෝ** කයෙනුත් එකයි. සඤ්ඤාවෙනුත් එකයි. ඒ තමයි සුභකිණ්හ දෙවිවරු.

ලෝකවිදූ මුනි භගවා....

පස්වෙනි එක මේ රූප සඤ්ඤා ඉක්ම ගිහිල්ලා ආකාසානඤ්චායතනයේ ඉපදිච්ච සත්වයෝ ඉන්නවා. ඊළඟට ආකිඤ්චඤ්ඤායතනය ඉක්ම ගිහිල්ලා විඤ්ඤාණඤ්චායතනයේ ඉපදිච්ච සත්වයෝ ඉන්නවා. ඊළඟට විඤ්ඤාණඤ්චායතනය ඉක්ම ගිහිල්ලා ආකිඤ්චඤ්ඤායතනයේ ඉපදිච්ච සත්වයෝ ඉන්නවා. ආනන්දය, මේ තමයි විඤ්ඤාණය පිහිටන තැන හත." ඊළඟට බුදුරජාණන් වහන්සේ අහනවා "ආනන්දය, යම් කෙනෙක් මේ විඤ්ඤාණය පිහිටන තැන් හතේ හටගැනීමත් නැතිවීමත් ආශ්වාදයත් ආදීනවයත් නිස්සරණයත් දන්නවා නම් එයා මේ එක ලෝකයක්වත් නැවත උපතක් පිණිස සතුටින් පිළිගනීවිද?" කියලා. "නෑ ස්වාමීනී" කියනවා.

එහෙනම් මේ එක එක උපත් වලට සත්වයා ආසා කරන්නේ මොකද? මේක හටගන්න විදිහ දන්නෙත් නෑ. නැතිවෙලා යන විදිහ දන්නෙත් නෑ. ආශ්වාදය මොන වගේද කියලා දන්නෙත් නෑ. ආදීනව මොනවද කියලා දන්නෙත් නෑ. මේකෙන් නිදහස් වීම තුළ ලැබෙන දේ මොනවද කියලා දන්නෙත් නෑ. ඒ නිසා කියනවා මේවට ආස කරන්නේ.

මිනිස්සු විඳින දුක්වල කෙළවරක් නෑ....

පින්වත්නි, අද අපි මේ දේශනාවෙන් ටිකක් වෙනස් විදිහකට ගැඹුරින් පටිච්ච සමුප්පාද ධර්මය ගැන ඉගෙන ගත්තා. කොහොමද ඒ? මේ නාමරූප විඤ්ඤාණයට උදව් වෙවී තියෙනවා. විඤ්ඤාණය නාමරූපයට උදව් වෙවී තියෙනවා. ඒ නාමරූප නිසා ස්පර්ශය ඇතිවෙනවා. ස්පර්ශය නිසා විඳීම ඇතිවෙනවා. විඳීම නිසා තණ්හාව ඇතිවෙනවා. (ඒ තණ්හාව මුල්වෙලා සමාජයේ නොයෙක් අර්බුද හැදෙන හැටිත් අපි ඉගෙන ගත්තා) ඊටපස්සේ තණ්හාව නිසා උපාදාන ඇතිවෙනවා. උපාදාන නිසා භවය ඇතිවෙනවා. භවය නිසා ඉපදෙනවා. ඉපදිලා ජරාමරණ, සෝක වැලපීම්, කායික දුක්, මානසික දුක්, සුසුම් හෙළීම් වලින් පීඩාවට පත් වෙවී ඉන්නවා.

ඔය අප්‍රිකාව වගේ රටවල්වල ලක්ෂ ගණන් මිනිස්සු වතුර නැතුව පිපාසයෙන් මරණයට පත්වෙනවා. බලන්න අපි මේ දියුණුයි කියන ලෝකෙ. කන්න බොන්න තියෙනවා, පහසුකම් තියෙනවා කියන ලෝකෙම තවත් පැත්තක ලක්ෂ ගාණක් මිනිස්සු කන්න නැතුව, බොන්න වතුර ටිකක් නැතුව දුකසේ මිය යනවා. ඊළඟට මේ ළඟදි ඊශ්‍රායලයෙන් වතුර කපලා පලස්තීනෙට. ඒ මිනිස්සු බොහෝම දුකසේ ඉන්නවා වතුර නැතුව, කන්න නැතුව. මොකක්ද හේතුව? ඉපදීම. මේකට චතුරාර්ය සත්‍යය අවබෝධ කිරීම හැර වෙනත් විකල්පයක් නෑ.

මේ ධර්ම කතාවක් තව ටික කාලයයි....

හැබැයි චතුරාර්ය සත්‍යය අවබෝධ කරන තුරු අපට තියෙන රැකවරණය තමයි චතුරාර්ය සත්‍යාවබෝධයට

උදව් ලැබෙන ලෝකයකට යෑම. ඔබ හිතන හැටියට
වර්තමාන මනුස්ස ලෝකෙ චතුරාර්ය සත්‍යාවබෝධයට
උදව් තියෙනවාද? නෑ. අපි මේ කරන ධර්ම කතාවත්
ටික කාලයකින් නැතුව යනවා. ඊටපස්සේ චතුරාර්ය
සත්‍යාවබෝධයට උදව් නෑ. ඕවා මොනවද කියලා අහයි.
තියෙන සමාජ ප්‍රශ්න ටික ගැනම කතා කර කර ඉදියි.
ඒ නිසා චතුරාර්ය සත්‍යාවබෝධයට උදව් වෙන්න නම්
එක්කෝ තව්තිසාවේ, එහෙම නැත්නම් තව්තිසාවෙන්
උඩටවත් යන්න ඕනෙ. හේතුව මොකද, චතුරාර්ය සත්‍යය
අවබෝධ කරපු අය එහේ ඉන්න නිසා.

චතුරාර්ය සත්‍යය අවබෝධ කරපු අයගේ ලක්ෂණය
මොකක්ද? හිස් කතාවෙන් තොරයි. ලාමක කතාවෙන්
තොරයි. ලාමක දෘෂ්ටියෙන් තොරයි. දුස්සීල බවෙන්
තොරයි. එහෙනම් දෙවියන් අතරට යාගත්තොත් අපට
ලාමක දෘෂ්ටියෙන් තොර, ලාමක හැසිරීමෙන් තොර,
යහපත්, ප්‍රඥාසම්පන්න, ධර්ම කතාවෙන් යුතු දෙවිවරු
මුණගැහෙන්නේ නැද්ද? අන්න අවස්ථාව.

මිත්‍යා දෘෂ්ටියේ බරපතලකම....

දැන් ඔබට තේරෙනවා ඇති මෙහේ තියෙන
අමාරුව. මෙහේ දැන් තියෙන අමාරුව එන්න එන්න
වැඩිවෙනවා. එන්න එන්න දුෂ්කර වෙනවා. එන්න එන්න
කරදර වෙනවා. වර්තමානයේ පොඩි කාලෙ ඉදන් ම
තියෙන්නේ කාම පිස්සුව. තව පිරිසක් ආගමේ නාමයෙන්
මිනී මර මර යනවා. මේ ළඟදි අරාබි රටක කොල්ලෝ
දෙන්නෙක් අර අන්තවාදි ISIS එකට බැදෙන්න අහලා
අම්මයි තාත්තයි විරුද්ධ වෙලා. මේ දෙන්නා මොකද
කළේ, එකතු වෙලා අම්මටයි තාත්තටයි පිහියෙන් ඇනලා

මැරුවා. ඒ ළමයි රැස්කරගත්තේ මොකක්ද? ආනන්තරිය පාප කර්මයක්.

නමුත් ඒගොල්ලෝ සතුටු වෙවී ඉන්නවා අපි දෙවියෝ වෙනුවෙනුයි මේක කළේ කියලා. දැක්කද මිත්‍යා දෘෂ්ටියේ තියෙන බරපතලකම. ආවේගය තියෙන කෙනා මිත්‍යා දෘෂ්ටියට ඇදිලා යෑම කියන එක සාමාන්‍ය දෙයක්. පරිසරයට අනුව ඒක වෙන්නේ. ඒ පරිසරය තුළ වැඩිහිටි දෙමව්පියෝ අසතුටු වෙනවා මේවට. දෙමව්පියෝ වළක්වන්න හදනවා. නමුත් වළක්වගන්න බෑ. එතකොට දෙමව්පියෝ අසරණ වෙනවා. අපේ රටෙත් වරින් වර ඇතිවෙච්ච යුද කෝලාහල වලදී ඒවට වැඩිපුර සම්බන්ධ වුනේ තරුණ වයසේ අයද, වැඩිහිටියොද? තරුණයෝ. තරුණයෝ ආවේගයෙන් යුක්තව ඒවට ඇදිලා යනකොට දෙමව්පියෝ දුකට පත්වෙවී පසු තැවි තැවී ඉන්නවා.

පිළිසරණ හඳුනාගන්න....

සමහරවිට පින් තියෙන කෙනා වුනත් ආවේගය නිසා ඒවට ඇදිලා ගිහිල්ලා විනාශයට පත්වෙන්න පුළුවන්. එබඳු ලෝකයක ධර්මයට බොහෝම අඩු ඉඩකඩක් තමයි තියෙන්නේ. දැන් බුදුරජාණන් වහන්සේ වදාළානේ මේ පටිච්ච සමුප්පාදය දන්නෙ නැති නිසා, මේ පටිච්ච සමුප්පාදය අවබෝධ නොවෙච්ච නිසා මේ සත්ව ප්‍රජාව අවුල් වෙච්ච නූල් කැටියක් වගේ, අවුලෙන් අවුලට පත්වෙච්ච පිදුරු කැටියක් වගේ, ලිහාගන්න බැරි ගැට ගොඩකට පැටලිලා, සතර අපායේ වැටි වැටී යන මේ සසරෙන් එතෙර වෙන්න බැරුව ඉන්නවා කියලා. එහෙනම් මතක තියාගන්න මේ සසරේ තියෙන්නේ ලෙහි ලෙහී යන එකක් නෙමෙයි. ගැට ගැහි ගැහී යන එකක්.

මේ ගැට ගැහි ගැහී යන එක ලෙහෙන්නේ කවදද? පටිච්ච සමුප්පාදය මනාකොට අවබෝධ කරගත්තු දවසට. ඉතින් ඒ නිසා අපටත් මේ පටිච්ච සමුප්පාද ධර්මය අවබෝධ කරගන්න වාසනාව ලැබේවා!

සාදු! සාදු!! සාදු!!!

නමෝ තස්ස භගවතෝ අරහතෝ සම්මාසම්බුද්ධස්ස
ඒ භාග්‍යවත් අර්හත් සම්මා සම්බුදුරජාණන් වහන්සේට නමස්කාර වේවා!

02.
සවස් වරුවේ ධර්ම දේශනය

ශ්‍රද්ධාවන්ත පින්වත්නි,

අද උදේ වරුවේ අපි ඉගෙන ගත්තේ මහා නිදාන සූත්‍රය. බුදුරජාණන් වහන්සේ ආනන්ද ස්වාමීන් වහන්සේට පටිච්ච සමුප්පාදය ධර්මය මහ ආශ්චර්ය ආකාරයෙන් විස්තර කිරීම තමයි ඒ මහානිදාන සූත්‍රයේ තිබුනේ. හවස් වරුවේ අපි ඉගෙන ගන්නේ මජ්ඣිම නිකායට අයිති දේශනාවක්. මේ දේශනාවේ නම ධනඤ්ජානි සූත්‍රය. ඒ දවස් වල බුදුරජාණන් වහන්සේ රජගහ නුවර වේළුවනයේ වැඩසිටියේ. වේළුවනය කියලා කියන්නේ බිම්බිසාර රජ්ජුරුවන්ගේ රාජ උද්‍යානය. ඒ උද්‍යානයේ කුටි සෙනසුන් හදලා, පැන් පොකුණු හදලා, සක්මන් මලු හදලා බුදුරජාණන් වහන්සේ ප්‍රමුඛ මහා සංඝරත්නයට පූජා කළා. රජගහ නුවරට වැඩිය අවස්ථාවලදී බුදුරජාණන් වහන්සේ වේළුවනයේ වැඩ ඉන්නවා.

ඒ දවස්වල අපේ සාරිපුත්ත මහ රහතන් වහන්සේ දක්ඛිණාගිරි කියන ප්‍රදේශයේ, ඒ කියන්නේ දකුණු පැත්තට වෙන්න කඳු තිබුන ප්‍රදේශයේ භික්ෂූන් වහන්සේලා සමඟ චාරිකාවේ වැඩියා. ඒ කාලේ එක්තරා භික්ෂූන් වහන්සේ නමක් රජගහ නුවර වස් සමාදන් වෙලා ඉඳලා වස් කාලය අවසන් වුනාම රජගහ නුවරින් නික්මිලා උන්වහන්සේත් අර දක්ඛිණාගිරි ප්‍රදේශයට චාරිකාවේ වැඩියා. ඉතින් මේ භික්ෂූන් වහන්සේ වැඩම කරලා සාරිපුත්ත මහරහතන් වහන්සේව මුණ ගැහිලා සතුටු සාමීචි පිළිසඳර කතාබහේ යෙදුනා.

පිළිසඳර කතාබහ....

එතකොට සාරිපුත්ත මහරහතන් වහන්සේ දැන ගත්තා මේ භික්ෂූන් වහන්සේ වැඩලා තියෙන්නේ රජගහ නුවර ඉඳන් කියලා. සාරිපුත්ත මහරහතන් වහන්සේ දන්නවා ඒ වෙද්දි අපේ බුදුරජාණන් වහන්සේත් වැඩ ඉන්නේ රජගහ නුවර බව. සාරිපුත්තයන් වහන්සේ ඒ භික්ෂුවගෙන් '**කච්චාවුසෝ භගවා අරෝගෝ ච බලවා චාති** ආයුෂ්මතුන් වහන්ස, භාග්‍යවතුන් වහන්සේගේ නිදුක් නිරෝගී සැප කොහොමද? උන්වහන්සේ සුවසේ කාය බලයෙන් යුක්තව වැඩ සිටිනා සේක්ද?' කියලා අහනවා. බලවා චාති කියන්නේ උන්වහන්සේ කායිකව දුර්වල නැතුව වැඩසිටිනවාද කියලයි ඒ අහන්නේ.

එතකොට ඒ භික්ෂුව කියනවා '**අරෝගෝ චාවුසෝ භගවා බලවා චාති** ආයුෂ්මතුන් වහන්ස, භාග්‍යවතුන් වහන්සේ නීරෝගීව වැඩ සිටින සේක. කාය බලයෙන් යුක්තව වැඩ සිටින සේක.' ඊළඟට අහනවා **කච්චි පනාවුසෝ භික්ඛුසංඝෝ අරෝගෝ ච බලවා චාති** ඒ වගේම

ආයුෂ්මතුන් වහන්ස, භික්ෂු සංඝයාත් නීරෝගීව වැඩවසන සේක්ද? කාය බලයෙන් යුක්තව සිටින සේක්ද?' කියලා. එතකොට කියනවා 'ආයුෂ්මතුන් වහන්ස, භික්ෂු සංඝයා වහන්සේත් නීරෝගීව වැඩ සිටින සේක, කාය බලයෙන් යුතුව වැඩ සිටින සේක' කියලා. බලන්න ඒ කාලේ භික්ෂූන් වහන්සේලා පිළිසඳර කතාබහේ යෙදුන අපූරුව.

ධනඤ්ජානි බ්‍රාහ්මණයා....

ඊට පස්සේ අහනවා **එත්ථාවුසෝ තණ්ඩුලපාලද්වාරායං** ආයුෂ්මතුන් වහන්ස, රජගහ නුවර තණ්ඩුලපාල කියන ද්වාරය ළඟ (තණ්ඩුලපාල කියන්නේ ඒ කාලේ තිබිච්ච රජගහ නුවරට ඇතුල්වෙන දොරටුවක්) **ධනඤ්ජානි නාම බ්‍රාහ්මණෝ අත්ථි** ධනඤ්ජානි කියලා බ්‍රාහ්මණයෙක් ඉන්නවා. සාරිපුත්ත මහරහතන් වහන්සේ මොන වංශයේද? බ්‍රාහ්මණ වංශයේ. එතකොට මේ ධනඤ්ජානි කියන්නේ සාරිපුත්ත මහරහතන් වහන්සේගේ යාළුවෙක්. 'ආයුෂ්මතුන් වහන්ස, ඒ ධනඤ්ජානි බ්‍රාහ්මණයාව ඔබ දන්නවාද? ඒ ධනඤ්ජානි බ්‍රාහ්මණයාත් නීරෝගීද? කාය බලයෙන් යුක්තද?' කියලා අහනවා.

අපිත් ඔය කවුරුහරි මුණගැහුනාම අහන්නේ 'දැන් අසවලාට කොහොමද? සැප සනීපෙන් ඉන්නවාද?' කියලා. ඒක තමයි මේ කියන්නේ. එතකොට කියනවා 'ආයුෂ්මතුන් වහන්ස, මං දන්නවා ධනඤ්ජානිව. ධනඤ්ජානිටත් කරදරයක් නෑ. නීරෝගිව කාය බලයෙන් යුක්තව ඉන්නවා' කියනවා. ඊටපස්සේ අහනවා '**කච්චි පනාවුසෝ ධනඤ්ජානි බ්‍රාහ්මණෝ අප්පමත්තෝති** ආයුෂ්මතුන් වහන්ස, ධනඤ්ජානි බ්‍රාහ්මණයා අප්‍රමාදීද?' කියලා. ඔන්න අපේ ව්‍යවහාරයේ නැති එකක්.

ව්‍යවහාරයේ වෙනස....

අපි සමහර කෙනෙක් මුණ ගැහුනම අහනවා දැන් කොහොමද එයා කරදරයක් නැතුව හොඳින් ඉන්නවද? අහන්නේ නැද්ද අපි එහෙම? අහනවා. ඊටපස්සේ අහන්නේ මොකක්ද? ළමයි ටික හොඳින් ඉන්නවාද? ඊළඟට අහන්නේ මොකක්ද? අර පොඩි එකී බැන්දද? ඊටපස්සේ අහන්නේ මොකක්ද? අර ලොකු කොල්ලට රස්සාව හම්බවුනාද? ඔය ටික නේද අහන්නේ? මෙතන මොකක්ද ඉස්සෙල්ලාම ඇහුවේ? නීරෝගීව කාය බලයෙන් යුක්තව ඉන්නවාද කියලා ඇහුවා. ඊටපස්සේ ඇහුවා අප්‍රමාදීද කියලා. අන්න බලන්න ව්‍යවහාරයේ වෙනස.

අප්‍රමාදීද කියන එකේ තේරුම මොකක්ද? ධර්මයේ හැසිරෙනවාද කියලයි ඇහුවේ. එතකොට කියනවා 'අනේ ආයුෂ්මතුන් වහන්ස, ධනඤ්ජානි බ්‍රාහ්මණයාගේ මොන අප්‍රමාදයක්ද? ආයුෂ්මතුන් වහන්ස, ධනඤ්ජානි බ්‍රාහ්මණයා ආණ්ඩුවට හේත්තු වෙලා බ්‍රාහ්මණ ගෘහපතියන්ගේ ධනය පැහැරගන්නවා. ඊළඟට බ්‍රාහ්මණ ගෘහපතියන්ට හේත්තු වෙලා ආණ්ඩුවේ ධනය පැහැර ගන්නවා. (මේ කියන්නේ ධනඤ්ජානි බ්‍රාහ්මණයා ගැන ඒ සමාජයේ පැතිරිච්ච කතාව)

ජාඩියට මූඩිය....

ආයුෂ්මතුන් වහන්ස, ධනඤ්ජානි බ්‍රාහ්මණයාට කලින් ශ්‍රද්ධාවන්ත පවුලකින් කරකාර ගත්තු ගුණයහපත් බිරිඳක් හිටියා. ඈ මලා නොවැ. ඊට පස්සේ **අඤ්ඤස්ස භරියා අස්සද්ධා අස්සද්ධකුලා ආනීතා** කිසිම ශ්‍රද්ධාවක්

නැති පවුලකින් තව ගෑණියක් ඇන්න ඇවිත්' කියලා කිව්වා. එහෙනම් මේ කියන විදිහට ඒ දෙවෙනි කසාදේ ගෑණිත් මෙයාගේ හොරවැඩ වලට සෙට් වෙලා තියෙනවා. ඇයි ශ්‍රද්ධාවක් නෑනේ. ගුණ ධර්මයක් නෑනේ. හොරකම් කරන්න හරි සපෝට්.

එතකොට සාරිපුත්ත මහරහතන් වහන්සේට කියවෙනවා මෙහෙම. "**දුස්සුතං වතාවුසෝ අස්සුම්හා** අනේ ආයුෂ්මතුන් වහන්ස, අපි මේ ඇහුවේ අහන්න සුදුසු දෙයක් නෙවෙයි. ධනඤ්ජානි ප්‍රමාදයට පත්වෙලා කියලා අපිට මේ අහන්න ලැබුනේ හොඳ පණිවිඩයක් නෙවෙයි. (බලන්න සාරිපුත්ත මහරහතන් වහන්සේගේ කරුණාව) හොඳයි ඉතින් මම රජගහ නුවර වැඩිය වෙලාවක ගිහිල්ලා ධනඤ්ජානිත් එක්ක පොඩ්ඩක් කතාබස් කරලා බලන්නම්" කිව්වා. දැන් සාරිපුත්ත මහරහතන් වහන්සේගේ අදහස මොකක්ද? ධනඤ්ජානිව බේර ගන්නද, අනේ අපට හදන්න බෑ ඕකුං කියලා අත්හරින්නද? ධනඤ්ජානිව බේරගන්නයි අදහස.

ධනඤ්ජානි බ්‍රාහ්මණයත් පින්වන්ත කෙනෙක්....

ඉතින් සාරිපුත්ත මහරහතන් වහන්සේ දක්ඛිණාගිරි ජනපද චාරිකාව අවසන් කරලා රජගහ නුවර වේළුවනාරාමයට ආපහු වැඩියා. දවසක් සාරිපුත්ත මහරහතන් වහන්සේ උදේ වරුවේ රජගහ නුවරට පිණ්ඩපාතේ වැඩියා. ඒ වෙද්දී ධනඤ්ජානි බ්‍රාහ්මණයා නගරයෙන් පිට ගව පට්ටියක කිරි දොවමින් ඉන්නවා. සාරිපුත්ත මහරහතන් වහන්සේ රජගහ නුවර

පිණ්ඩපාතේ වැඩලා, දානේ වළඳලා, කෙලින්ම වැඩියා ධනඤ්ජානි බ්‍රාහ්මණයා ළඟට.

ධනඤ්ජානි බ්‍රාහ්මණයා දුර දී ම දැක්කා සාරිපුත්ත මහරහතන් වහන්සේ වඩිනවා. දැකලා සාරිපුත්ත මහරහතන් වහන්සේ ළඟට ගියා. ගිහිල්ලා 'භවත් සාරිපුත්තයන් වහන්ස, මේ දැන් දොවාපු ගමන් රස්නෙට කිරි තියෙනවා. පොඩ්ඩක් වළඳින්ට. එතකොට දවල්ට දානේ වෙලාව එයි' කියනවා. එතකොට සාරිපුත්තයන් වහන්සේ කියනවා 'කමක් නෑ බ්‍රාහ්මණය, අද මගේ දානේ කටයුතු ඉවරයි. මං අද දහවල් කාලයේ අසවල් තැන අසවල් ගස් සෙවනේ ඉන්නවා. ඔබට එහෙට එන්න කියන්නයි මේ මං ආවේ.' එතකොට ධනඤ්ජානි බ්‍රාහ්මණයා 'එසේය භවත' කියලා සාරිපුත්තයන් වහන්සේට පිළිතුරු දීලා උදේට ආහාර පාන අරගෙන සාරිපුත්ත මහරහතන් වහන්සේව බැහැ දකින්න ගියා.

අනේ අපට මොන අප්‍රමාදයක්ද...?

ගිහින් සාරිපුත්ත මහරහතන් වහන්සේ සමඟ පිළිසඳර කතාබස් කරලා එකත්පස්ව වාඩිවුනා. ඊටපස්සේ සාරිපුත්තයන් වහන්සේ අහනවා 'ධනඤ්ජානි, කොහොමද, ඔබ අප්‍රමාදීද?' 'අනේ භවත් සාරිපුත්තයන් වහන්ස, අපට කොහෙන්ද අප්‍රමාදයක්. (ඊටපස්සේ මෙයාගේ වැඩ ලිස්ට් එක කියනවා) අපට අපේ දෙමව්පියන්ට සළකන්න තියෙනවා, අඹුදරුවන් පෝෂණය කරන්න තියෙනවා, දාස කම්කරුවන්ට සළකන්න තියෙනවා. යාළු මිත්‍රයින්ගේ වැඩ තියෙනවා, නෑදෑයන්ගේ වැඩ තියෙනවා. ඊළඟට ආගන්තුක සත්කාරයට කැප වෙන්න තියෙනවා. මැරිච්ච උන්දැලාට සලකන්න තියෙනවා, දේවතාවුන්

වහන්සේලාට සලකන්න තියෙනවා, ආණ්ඩුවේ රාජකාරි තියෙනවා. (ඊළඟට තමන්ගේ ශරීරය පෙන්නලා කියනවා) එපමණක්යැ... මේ කයත් සතුටු කරන්ට එපායැ' කියලා. දැන් බලන්න මෙයාට තියෙන වැඩ ලිස්ට් එක.

සාරිපුත්තයන් වහන්සේගේ කරුණාව....

මේක හරී ලස්සන දේශනයක් සාරිපුත්ත මහරහතන් වහන්සේගේ. සාරිපුත්තයන් වහන්සේ කල්‍යාණ මිත්‍රයෙක් හැටියට මේ නොමග ගිය ධනඤ්ජානිව බේරගන්න හැටි තමයි මේ දේශනාවේ සඳහන් වෙන්නේ. සාරිපුත්ත මහරහතන් වහන්සේ ධනඤ්ජානිගෙන් අහනවා "ධනඤ්ජානි, ඔබ මොකක්ද මේ ගැන සිතන්නේ? යම්කිසි කෙනෙක් අම්මා තාත්තා දෙන්නට සලකන්න කියලා අධර්මයෙන් ධනය හොයනවා. පව් කරලා ධනය හොයනවා. එයා ඒ විදිහට අධර්මයේ හැසිරීම නිසා නිරයපාලකයෝ එයාව නිරයට ඇදගෙන යනවා.

එතකොට එයා නිරයපාලකයන්ට කියනවා 'අනේ මං මේ විදිහට අධර්මයේ හැසිරුණේ, හොර මැරකම් කළේ මගේ දෙමව්පියන්ට සලකන්නයි. ඒ නිසා මාව නිරයට ඇතුල් කරන්න එපා' කියලා අධර්මයේ විපාකයෙන් බේරෙන්න පුළුවන්ද අහනවා. දෙමව්පියොත් ඇවිල්ලා කියනවා 'අනේ නිරයපාලයිනි, මොකුත් කරන්න එපා අපේ කොල්ලට. අපට සලකන්නයි මෙයා මේ හැම දෙයක් ම කළේ' කියලා. ඒක ලබන්න පුළුවන්ද කියලා අහනවා. එතකොට ධනඤ්ජානි 'අනේ භවත් සාරිපුත්තයන් වහන්ස, කොහොම ලබන්නද...? ඒකා අඬද්දීම නිරයට ඇතුල් කරනවා' කියනවා.

වර්තමානයේ මිනිස්සු හරි මෝඩයි....

දැන් බලන්න ඒ කාලේ මිනිස්සුන්ගේ තියෙන ස්වභාවය. සාරිපුත්තයන් වහන්සේ අරහෙම ඇහුවාම ධනඤ්ජානි මොකක්ද කිව්වේ? එයා අඬද්දීම නිරයට ඇතුල් කරනවා කිව්වා. දැන් කාලේ අපි ඕක කිව්වොත් අසාවි නිරය කොහේද තියෙන්නේ කියලා. ඔන්න වෙනස. ඒ කියන්නේ හිතන්න බැරිතරම් මෝඩයි වර්තමාන මිනිස්සු. ඊටපස්සේ අහනවා "ධනඤ්ජානි, අඹුදරුවන්ව පෝෂණය කිරීම පිණිස, දරුවන්ව ඉස්කෝලෙට දාගන්න, නෝනට සාරි අරන් දෙන්න, ආභරණ අරන් දෙන්න ඔබ අධර්මයෙන් ධනය හම්බ කළොත්, පව් කරලා, හොරකම් කරලා, වංචා කරලා, රැවටිලි කරලා, අල්ලස් අරගෙන ධනය හම්බ කළොත් **තමේනං අධම්මචරියා විසමචරියාහේතු නිරයං නිරයපාලා උපකඩ්ඪෙය්‍යුං** එතකොට තමන්ගේ අධර්ම චරියාව නිසා මරණාසන්න වෙද්දී නිරයපාලකයෝ එයාව නිරයට ඇදගෙන යනවා."

කර්මවිපාක අචින්ත්‍යයි....

පව් කරපු කෙනෙක් මරණයට පත්වෙද්දී අපට පේන්නේ එයාගේ ඇස් දෙක වැහිලා යනවා විතරනේ. අපට පේනවාද එයාව නිරයට ඇදගෙන යනවා? ඒ වෙද්දී නිරය පාලකයෝ ඇවිල්ලා එයාව ඇදගෙන යනවා. ඒක කර්මානුරූපව වෙන්නේ. දැන් අපි කියමු මනුස්සයෙක් මෙහේ දානාදී පින්කම් කරනවා, සීලාදී ගුණධර්ම දියුණු කරනවා, මෛත්‍රියෙන් වාසය කරනවා කියලා. කර්ම විපාක අචින්ත්‍යයිනේ. ඒ කියන්නේ කර්ම විපාක දෙන විදිය සිතලා ඉවර කරන්න බැරි දෙයක්. මෙයා මෙහේ

පින් රැස්කරද්දී දිව්‍යලෝකේ එයා වෙනුවෙන් විමානේ පහළ වෙනවා.

මනුස්සයා තාම ඉන්නේ මේ ලෝකේ. නමුත් එයා උපදින්න ඕන තැන එහේ පහළ වෙනවා. එතකොට මෙහේ චුත වෙනකොටම එයා අර පහළ වෙච්ච විමානේ උපදිනවා. ඒ වගේ තමයි පව් කරන අයටත්. දැන් මනුස්ස ලෝකේ එයා ඉන්නවා. සමහර විට එයා ඉස්පිරිතාලේ පණ අදිනවා. නිරය පාලකයෝ බලාගෙන ඉන්නේ මැරිච්ච ගමන් එයාව ඇදගෙන යන්න. මරණාසන්න වෙද්දි එයාට නිරය පේනවා. නිරයපාලකයන්ව පේනවා. දැන් එයා ඇස් උඩ දාගෙන දඟලනවා. කියාගන්නත් බෑ. බට දාලා තියෙන්නේ කටෙනුත්. නිරයපාලයෝ ඇවිල්ලා ඇදගෙන යනවා.

අඬද්දී ම නිරයට ඇදලා දානවා....

එහෙම ඇදගෙන ගියාම එයා කියනවා 'අනේ මාව මේ නිරයට ඇතුළු කරන්න එපා. මම ළමයිට සලකන්න, බිරිඳට සලකන්න තමයි මෙහෙම හරි හම්බ කළේ. ඒ නිසා මේකේ මගේ වැරද්දක් නෑ. මාව මේකෙන් එළියට දාන්න' කිව්වට එළියට දමාවිද කියලා අහනවා. අඹුදරුවොත් ඇවිල්ලා නිරයපාලකයන්ට කියනවා 'අනේ නිරයපල්ලනි, අපේ එක්කෙනාව ගෙනියන්ට එපා. මෙයා අපිට සලකන්නයි මේවා කළේ. ළමයින්ට කන්න බොන්න දෙන්නයි, ළමයින්ව ඉස්කෝලේ යවන්නයි මේවා කළේ. ඒ නිසා මෙයාව නිදහස් කරන්න කිව්වට අහයිද?" කියලා අහනවා. එතකොට කියනවා 'අනේ භවත් සාරිපුත්තයන් වහන්ස, ඒ මොනවා අහන්නද? එයා අඬද්දීම නිරය පාලකයෝ එයාව අරගෙන යනවා' කියනවා.

අසවලා නිසයි මං මේ දේ කළේ....

එහෙනම් පින්වත්නි, දෙමව්පියෝ නිසා කෙනෙක් අධර්මයෙන් හම්බ කරලා, හොර මැරකම් කරලා, වංචා කරලා ඒ හම්බ කරන ධනයෙන් මව්පියන් පෝෂණය කළා කියලා එයාගේ නිරයේ ගමන නවතින්නේ නෑ. ඊළඟට අඹුදරුවෝ නිසා, බිරිඳට දරුවන්ට සලකන්ට ඕන නිසා අධාර්මිකව ධනය හම්බ කළා කියලා ඒකෙනුත් එයාට නිරයේ ගමනින් වළකින්න බෑ.

ඊළඟට සාරිපුත්ත මහරහතන් වහන්සේ අහනවා "ධනඤ්ජානි, ඇතැම් කෙනෙක් දාස කම්කරු පුරුෂයන්ට සලකන්ට ඕන නිසා අධර්මචාරී විෂමචාරී වෙනවා." ඒ කිව්වේ අධර්මයෙන් වාසය කරනවා. පව් රැස්කරමින් ඉන්නවා. අපි කියමු දාසයන්ට කම්කරුවන්ට සලකන්න කියලා ඕන්න බොන්න ගේනවා. ගෙනල්ලා ඔය මොනවාහරි බැදලා දෙනවා ආ... බීපල්ලා... සතුටු වෙයල්ලා කියලා. බැලූ බැල්මට පේන්නේ නැනේ ඒක අකුසලයක් කියලා. නමුත් එතන සිද්ධ වෙන්නේ අධර්මයේ හැසිරීමක්. ඊට පස්සේ සමහරවිට ඒකම ඒ සේවකයාට මුළු ජීවිතේම මත්පැන් වලට ඇබ්බැහි වෙන්න හේතු වෙනවා. ඒකෙන්ම එයා විනාස වෙන්න හේතු වෙනවා.

එකපාරම දඬුවම් දෙන්නේ නෑ....

සාමාන්‍යයෙන් නිරයට ගියාම එකපාරට ම දඬුවම් ලබාදෙන්නේ නැනේ. ඉස්සෙල්ලාම නිරයේ පාලකයෝ කරන්නේ මේන්න මේ මේ දේවල් කරලා උඹ කරලා තියෙනවා. ඒකයි උඹව මෙහෙට ඇදගෙන එන්න හේතුව කියලා මතක් කිරීම. අපි කියමු සමහරවිට අපි හොර

රහසේම මොන මොනවාහරි කරලා තියෙනවා. ඒක දන්නේ තමන් විතරයි. එතකොට තමන් විතරක් දන්න දෙයක් නිරයපාලකයෝ කියනවා උඹ මෙන්න මෙහෙම මෙහෙම දේවල් කරලා තියෙනවා කියලා. නිරය පාලකයෝ දෙමව්පියෝ දරුවෝ කතාවක් කියන්නේ නෑනේ. නිරය පාලකයෝ කියන්නේ උඹ මෙහෙම මෙහෙම දේවල් කරලා තියෙනවා කියලනේ.

එතකොට එයා කියනවා 'අනේ... මම මේක කළේ මගේ සේවකයන්ට සලකන්ටයි... මගේ දැසි කම්කරුවන්ට සලකන්ටයි... ඒ නිසා මාව මේක ඇතුළට දාන්න එපා' කියලා. එතකොට දැසි කම්කරුවන්ටත් පේනවා නිරයෙන් නිරපල්ලෝ ඇවිල්ලා තමන්ගේ ස්වාමියාව ඇදගෙන යනවා. එතකොට දැසිදස් කම්කරුවන් නිරය පාලකයන්ට කියනවා 'අනේ ඇයි මෙයාව ඇදගෙන යන්නේ? මෙයා මේ දේවල් කළේ අපි වෙනුවෙන්. ඒ නිසා මෙයාව නිදහස් කරන්න' කියලා. එහෙම කියලා එයාව නිරයෙන් බේරගන්න පුළුවන්ද කියලා අහනවා. එතකොට ධනඤ්ජානි කියනවා 'භවත් සාරිපුත්තයන් වහන්ස, එහෙම බේරෙන්න බෑ. අඬද්දීම නිරයට ඇදගෙන යනවා' කියනවා.

නූලෙන් බේරිලා....

මේ ළඟදි මට එක විස්තරයක් අහන්න ලැබුනා. එක අම්මා කෙනෙක් කුස්සියේ බංකුවේ නිදාගෙන ඉන්දෙද්දි එහෙම්මම මැරිලා. ඒ කියන්නේ නිදාගෙන ඉන්නකොට තේරිලා තියෙනවා මිනිස්සු හතර දෙනෙක් ඇවිල්ලා ඇදගෙන යනවා කෙනෙක් ගාවට. දැන් පේන්නේ හීනයක් වගේ. ඇදගෙන ගියාම කිව්වාලු 'ඕකි නෙවෙයි...

ඕකි වෙන එකියක්... ඕකිව ආපහු ගිහින් දාපන්. ආන්න
අර අසවල් එකීව අරන් වරෙන්... මේකිට තව අවුරුදු
දහයක් තියෙනවා මෙහෙට එන්න' කිව්වලු. මට ඇවිල්ලා
කිව්වා මේ විස්තරේ.

දැන් බලන්න තව අවුරුදු දහයකින් එයාව නිරයට
ඇදගෙන යන බව නිරය පාලකයෝ දන්නවා. හැබැයි
ඒ අම්මට පොඩි වාන්ස් එකක් නැද්ද? අවුරුදු දහයක
කාලයක් තියෙනවා වෙනස් කර ගන්න. මම කරුණු
පැහැදිලි කරලා දුන්නා. නමුත් අපි දන්නේ නෑ එහෙම
වෙනස් කරගනීවිද නැද්ද කියලා. එයාමයි සිහිය ඇවිල්ලා
කියන්නෙත් මෙහෙම වුනා කියලා. ඒත් එහෙම වුනා
කියලා හිතේ කිසි හයක් නෑ. ලෑස්ති වෙනවා ඒවාට.

කොච්චර වැරදි කළත් බුද්ධිමත්
කෙනෙක්....

එතකොට බලන්න දැන් සාරිපුත්ත මහරහතන්
වහන්සේ අහන ප්‍රශ්න වලට මේ ධනඤ්ජානි තමන්ගේ
වැරැද්ද වහගන්න උත්තර දුන්නද? නෑ. 'නිරය පාලකයෝ
කරන්නේ හරි අසාධාරණයක්නේ... එයා මේ දෙමව්පියන්ට,
බිරිදට, දරුවන්ට, සේවකයන්ට සලකන්න ගිහිල්ලනේ
ඒ වැරදි කළේ' කිය කිය වාද කරනවද මෙතන? නෑ.
අන්න බලන්න ඒ කාලේ මිනිස්සුන්ගේ තිබුන ස්වභාවය.
එයා එකපාරම උත්තර දෙන්නේ කොහොමද? 'හවත්
සාරිපුත්තයන් වහන්ස, එයා අඩද්දීම නිරයට ඇතුල්
කරනවා' කියලා.

අපට පේන්නේ නෑනේ පින්වත්නි නිරයේ
ස්වභාවය. බුදුරජාණන් වහන්සේ එක තැනක දේශනා

කළා අනාගතයේ මෛත්‍රී බුදුරජාණන් වහන්සේ පහළ වෙන කාලෙට ජනගහනය ඉන්නවා කිව්වා අවීචියේ වගේ. වැඩිපුරම ජනගහනය ඉන්නේ කොහෙද එහෙනම්? අවීචියේ.

යාළුකම නිසා පව් කරන්න පෙළඹෙනවා....

ඊට පස්සේ අහනවා 'ධනඤ්ජානි, තමන්ගේ යාළු මිත්‍රයෝ ඉන්නවා. යාළු මිත්‍රයෝ නිසා අධර්මයට පෙළඹෙනවා. යාළුවෝ අඬගහලා කියනවා වරෙන් දඩයමේ යන්න කියලා. සමහර විට එයා සතෙක් මරන්නේ නැති කෙනෙක් වෙන්න පුළුවන්. යාළුවෝ අඬගහලා කිව්වාම මොකද කරන්නේ? යමන් කියලා යනවා. ඊටපස්සේ තව යාළුවෙක් අඬගහලා කියනවා අසවල් දවසේ මගේ උපන් දිනේ එනවා. එන්න ඕන කියලා කට්ටියට කියනවා. ගියාම යාලුවෝ එකතු වෙලා කියනවා අද නම් උඹ බොන්න ඕනෙ කියලා. එතකොට යාලුකම වෙනුවෙන් එයා බොනවා.

ඊට පස්සේ අද උඹ මට තෑග්ගක් හැටියට බෝතලයක් ගේන්න ඕන කියනවා. එතකොට කවුරු නිසාද එයා ඒක කරන්නේ? යාළුවා නිසා. ඊළඟට යාළුකම නිසා මිනිස්සු පෙළඹෙනවා අනාචාරයේ හැසිරෙන්න. යාළුකම නිසා මිනිස්සු පෙළඹෙනවා මංකොල්ල වලට. යාළුකම නිසා මිනිස්සු පෙළඹෙනවා බොරු කියන්න. මේ වගේ නොයෙක් අකුසල් වලට පෙළඹෙනවා. සාරිපුත්ත මහරහතන් වහන්සේ අහනවා යාළුමිත්‍රයන් හේතු කරගෙන කෙනෙක් අධර්මයේ හැසිරිලා එයා වයසට ගිහිල්ලා මැරිලා ඔන්න නිරයේ උපදිනවා.

යාළුවෝ නිසයි මං මේක කළේ....

නිරයේ පාලකයෝ එයාව ඇදගෙන යනවා. ඇදගෙන ගියාම එයා කියනවා 'අනේ මං මේ හිතාමතා කළා නෙමෙයි. මේක මගේ වැරද්දක් නෙවෙයි. යාළුවෝ කියපු නිසයි මම මේක කළේ. යාළුවන්ගේ බහටයි මං මේක කළේ. මට ඕන කමක් තිබුනේ නෑ. යාළුවොයි අඬගහගෙන මාව එක්කන් ගියේ. ඒ නිසයි මම කළේ' කිය කිය දහසක් කරුණු කියනවා. එතකොට යාළුවොත් දකිනවා මෙයාව නිරපල්ලෝ ඇදගෙන යනවා. යාළුවෝ ඇවිල්ලා කියනවා 'අනේ මේ අපේ යාලුවාව නිරයට ඇදගෙන යන්න එපා. මෙයා මේ මේ පව් කළේ අපි නිසයි' කියලා. එහෙම කිව්වා කියලා නිරයට යන එකෙන් මෙයාට බේරෙන්න පුළුවන්ද කියලා අහනවා. 'අනේ භවත් සාරිපුත්තයන් වහන්ස, එහෙම බේරෙන්න පුළුවන් කමක් නෑ. අඬා වැළපෙද්දීම නිරය පාලකයෝ මෙයාව ගිහිල්ලා නිරයට තල්ලු කරනවා' කියලා කියනවා.

කවුරු වෙනුවෙන් කළත් විඳවන්න වෙන්නේ තමන්ට....

දැන් ඔබ නිකම් හිතන්න අද කාලෙත් මේ විදිහට අඹුදරුවන් නිසා පව් කරන අය නැද්ද? හොරකම් කරන අය නැද්ද? කොමිස් ගහන අය නැද්ද? අන් අයගේ දේපල මංකොල්ල කන අය නැද්ද? ඉන්නවා. ඊළඟට යාළුමිත්‍රයන් නිසා එහෙම කරන අය ඉන්නවා. දෙමව්පියෝ නිසාත් කරන අය ඇති. සමහර කාන්තාවෝ ඉන්නවා ගෙදර අයට සලකන්න ඕන නිසා වෙන මනුස්සයෙක් එක්ක හොරාට යාළුවෙනවා. ඔන්න දරුවන්ට අහුවෙනවා.

එතකොට කියනවා 'දරුවනේ... මං මෙහෙම කරන්නේ උඹලාට කන්න දෙන්නයි. උඹලට සලකන්නයි' කියලා. නමුත් අතන වෙනම පවුල කැඩෙනවා. එතකොට අකුසල් රැස් වෙනවා. මැරෙනකොට එයාට තමන් කරපු අකුසල් ටිකත් අරගෙන තනියම යන්න සිද්ධ වෙනවා.

ඊළඟට අහනවා 'ධනඤ්ජානි, නෑදෑයෝ නිසා, ඤාතීන් නිසා අධර්මයේ හැසිරෙන අය ඉන්නවා. එබඳු අය මරණයට පත්වුනාට පස්සේ නිරය පාලකයෝ ඇදගෙන යනකොට 'අනේ මං මේ ඤාතිසංග්‍රහ කරන්නයි හොරකම් කළේ. ඤාතිසංග්‍රහ කරන්නයි මං දඩයමේ ගියේ. ඤාතිසංග්‍රහ කරන්නයි මම අරක කළේ, මේක කළේ' කිය කිය කිව්වට එතනදි බේරිල්ලක් නෑ කියනවා. නෑදෑයන්ට බේරන්නත් බෑ කියනවා.

ආත්මභාව පන්සීයක් බෙලි කැපුම් කෑවා....

පින්වත්නි, මොකක්ද අපට මේකෙන් තේරුම් ගන්න තියෙන්නේ? තමන් කරපු දේ, තමන්ට කියවෙච්ච දේ වගකීම බාහිර කෙනෙකුගේ පිට පටවන්න බෑ. මේක අසවලා නිසයි වුනේ... අසවලා නිසයි වුනේ... කියලා කාගෙවත් පිට පටවන්න බෑ. ඒකේ වගකීම යන්නේ තමන්ගේ පිටටමයි. ඊළඟට සමහරු ආගන්තුකයන්ට සළකන්න ගිහිල්ලා අධර්මචාරී වෙනවා. එක තැනක සඳහන් වෙනවා එක්තරා මනුස්සයෙකුගේ ගෙදරට ආගන්තුකයෝ වගයක් ආවා. ඒ මනුස්සයා ආගන්තුකයන්ට සංග්‍රහ කරන්න එළුවෙක් මැරුවා. ඒකේ විපාක හැටියට නිරයේ ගිහිල්ලා ඇවිල්ලා ආත්මභාව පන්සීයක් මැරුම් කෑවා එළුවෙක් වෙලා. ආගන්තුකයන් වෙනුවෙනුයි මං ඒක කළේ කියලා බේරෙන්න බැරිවුනා.

ඊළඟට මියගිය ඥාතීන්ට සංග්‍රහ කරන්න
ගිහිල්ලා සමහරු පව් රැස්කරගන්නවා. මිය ගිය ඥාතීන්
වෙනුවෙන් කියලා බිලි පූජා දෙන්ට සත්තුන්ව මරනවා.
ඒ විදිහට පව් රැස්කරගත්තට පස්සේ නිරය පාලකයෝ
ඇවිල්ලා තමන්ව නිරයට ඇදගෙන යද්දී 'අනේ මාව
නිරයට ඇදගෙන යන්න එපා... මේ මැරිලා පලච්ච
අයට සලකන්නයි මං මේවා කළේ...' කියලා බේරෙන්න
පුළුවන්ද කියලා සාරිපුත්ත මහරහතන් වහන්සේ අහනවා
ධනැඤ්ජානිගෙන්. 'අනේ හවත් සාරිපුත්තයන් වහන්ස,
එහෙම බේරෙන්න බෑ. අඩද්දීම එයාව නිරයට ඇදලා
දානවා' කියනවා.

දෙවියන් වෙනුවෙන් මිනී මරනවා.....

ඊටපස්සේ සමහරු දෙවියන්ට පුදපූජා තියන්න
ගිහින් අධර්මචාරී වෙනවා. නොයෙක් විදිහට අකුසල්
රැස්කරගන්නවා. හැබැයි ඒගොල්ලෝ ඒක පවක්
කියලා පිළිගන්නේ නෑ. ඒගොල්ලෝ හිතන්නේ ඒක
දෙවියන් වෙනුවෙන් කරපු උපහාරයක් කියලයි. ඔය
දෙවියන් වෙනුවෙන් කරන බිලිපූජා නිසා අවුරුද්දකට
කී ලක්ෂයක් නම් සත්තු මැරනවද...! මේ ළඟදි
ආගමික අන්තවාදීන් බංග්ලාදේශයේ හෝටලයකට
ගැහුවා. ඊළඟට තුර්කියේ එයාපෝට් එකකට ගැහුවා.
ඇමරිකාවෙත් ක්ලබ් එකකට ගැහුවා. මේ ඔක්කොම
කළේ දෙවියන් සතුටු කරන්න.

අහිංසක මිනිස්සු මර මරා කියනවා 'මම මෙහෙම
කරන්නේ අපේ ආගම අදහන්නේ නැති අයව මරලා
දෙවියන්ව සතුටු කරන්නයි' කියලා. පින්වත්නි, මේ
ලෝක ඉතිහාසයේ වැඩිපුරම මිනිස්සු මැරිලා තියෙන්නේ

රටවල් රාජ්‍යවල් අතර ඇතිවෙච්ච යුද්ධ වලින් නෙවෙයි. ආගම් අදහන්න ගිහිල්ලයි වැඩිපුරම මිනිස්සු මැරිලා තියෙන්නේ. බෞද්ධයන් විතරයි ඒ විනාශයට හවුල් නැත්තේ. අනිත් සියලුම ආගම් වලට ඒ කැත නාමය ලැබිලා තියෙනවා.

අනාගත අනතුර....

මට දකුණු ඉන්දියාවේ සුබ්‍රමනියම් කියලා එක මහාචාර්යවරයෙක් කිව්වා ඉස්සර දකුණු ඉන්දියාවේ තිබිච්ච බෞද්ධ වෙහෙර විහාර ඔක්කෝම විනාශ කරලා, ඒ විහාරවල හිටපු සියලුම භික්ෂූන් මරලා තියෙන්නේ උල ඉන්දවලා. වේලායුධය කියන එක පොළොවේ ඉන්දලා භික්ෂූන් වහන්සේලාවයි බෞද්ධයොයි ඇදගෙන ඇවිල්ලා අරක උඩ තියලා බස්සනවාලු. ඇයි එහෙම කළේ? මේ ආගම් අදහන්න. දෙවියෝ වෙනුවෙන්.

එහෙමයි හින්දු මිනිස්සු බෞද්ධයන් විනාස කරලා තියෙන්නේ. මුස්ලිම් මිනිස්සු මිනී මරපු විදිහේ ඉවරයක් කියන්න බෑ. දැනුත් ඉස්සරහට එන්න තියෙන්නේ දේශපාලන යුද්ධයක්ද? ආගමික යුද්ධයක්ද? ආගමික යුද්ධයක් අනාගතයේ එන්න යන්නේ. ඒ ආගමික යුද්දෙදි කෲර කෙනා, බලවන්ත කෙනා පෙරලගෙන යයි ඔක්කොම. අහිංසක කෙනා බිල්ලට. එහෙම තමයි මේ ලෝකේ ගිහින් තියෙන්නේ.

අන්‍යාගමිකකරණය....

ඉතින් සාරිපුත්ත මහරහතන් වහන්සේ අහනවා ධනඤ්ජානිගෙන් "ධනඤ්ජානි, දෙවියන් වෙනුවෙන්

අධර්මයේ හැසිරුනොත්, විසමචාරී වුනොත්, නිරය පාලකයෝ එයාව නිරයට ඇදගෙන යද්දී 'අනේ මං මේ දේවල් මා වෙනුවෙන් කළා නෙවෙයි. මං දෙවියන්ට පූජා පිණිස, දෙවියෝ වෙනුවෙනුයි මේවා කළේ' කියලා බේරෙන්න පුළුවන්ද?" අහනවා. එහෙම බේරෙන්න බෑ කියනවා.

දැන් දෙවියෝ වෙනුවෙන් කියලා සමහර අවස්ථාවල දී අපි දන්නවා අපේ රටේම බෞද්ධ අය වෙන ආගම් වලට හරවන්න ගිහිල්ලා බුදු පිළිම පාගවලා තියෙනවා, බුදු පිළිම වලට කාරලා කෙලගස්සවලා තියෙනවා, නින්දා අපහාස කරලා තියෙනවා, බැනලා තියෙනවා. මේ පව් ඔක්කොම අරගෙන මෙයා නිරයට ගියාම 'අනේ මං මේවා දෙවියන් වෙනුවෙන් කළේ' කියලා බේරෙන්න පුළුවන්ද? බෑ.

දෙවියන්ටවත් බේරගන්න බෑ....

මේකේ ලස්සන කාරණාවක් කියනවා **දේවතා වා පනස්ස ලභෙය්‍යුං** දෙවියන්ටවත් පුළුවන්ද කියලා අහනවා බේරන්න 'අනේ මෙයා මේවා කළේ අපි වෙනුවෙන්, අපට සලකන්ටයි මේ මරලා තියෙන්නේ, අපට ගරු කරන්නයි මේ මරලා තියෙන්නේ. මේ කුකුලෝ බිලි දීලා තියෙන්නේ, එළුවෝ බිලි දීලා තියෙන්නේ, හරක් බිලි දීලා තියෙන්නේ අපි වෙනුවෙන්. මේ මිනිස්සුන්ගේ බෙලි කපලා තියෙන්නේ අපි වෙනුවෙන්. ඒ නිසා මෙයාව නිදහස් කරපන්...' කියලා දෙවියන්ටවත් බේරාගන්න පුළුවන්ද කියලා අහනවා.

එතකොට කියනවා "**නෝ හිදං භෝ සාරිපුත්ත** සාරිපුත්තයන් වහන්ස, ඒක බෑමයි. එයා අඬද්දීම

නිරයපාලකයෝ එයාව නිරයට ඇදලා දානවා" කියනවා. එහෙනම් දෙවියන්ගේ නාමයෙන් කළත් පව, දෙවියෝ එන්නේ නෑ බේරන්න. ඒ වගේම ආණ්ඩුව නිසා, රජතුමා කියන නිසා, ඇමතිවරු කියන නිසා අධර්මයේ හැසිරෙන අය, පව් කරන අය ඉන්නවා. ඔන්න හිතවත් ඇමති කෙනෙක් කියනවා 'අන්න අරකා උස්සාපං... අරකා මරාපං...' කියලා. ඔන්න ගිහිල්ලා කරනවා.

අනේ මෙයාව නිදහස් කරන්න....

මැරුනට පස්සේ නිරයපල්ලෝ ඇවිල්ලා ඇදගෙන යනකොට 'අනේ මං මේක කළේ මට ඕනෑවට නෙවෙයි. අසවල් රජ්ජුරුවොයි මට කිව්වේ... අසවල් ඇමතිවරුයි මට කිව්වේ... ඒ නිසයි මං කළේ...' කියලා බේරෙන්න බෑ කියනවා. එහෙම නැත්නම් රජ්ජුරුවෝ ඉදිරිපත් වෙලා කියනවා නිරය පාලකයන්ට 'අනේ නිරය පාලකයනි, මෙයා මේ හොරකම් කළේ, කොමිස් ගැහුවේ, මිනී මැරුවේ, මේ මේ හානි කළේ අපි වෙනුවෙන්. මේවා මේ ආණ්ඩුව ආරස්සා කරන්න කරපු දේවල්. ඒ නිසා මෙයාව නිදහස් කරන්න' කියලා බේරගන්න පුළුවන්ද අහනවා. ධනඤ්ජානි උත්තර දෙනවා "**නෝ හිදං භෝ සාරිපුත්ත** භවත් සාරිපුත්තයන් වහන්ස, එහෙම බේරන්න බෑ. **අථ ඛෝ වික්කන්දන්තං යේව නිරයේ නිරයපාලා පක්ඛිපෙය්‍යුං.** එයා හඬා වැළපෙද්දී ම නිරය පාලකයෝ එයාව නිරයට ඇතුල් කරනවා."

ඊටපස්සේ සාරිපුත්ත මහරහතන් වහන්සේ අහනවා "ධනඤ්ජානි, තව කෙනෙක් තමන්ගේ කය පිනවන්න අධර්මයේ යෙදෙනවා. තමන්ගේ සරීරය සතුටු කරන්න අධර්මයේ යෙදිලා ඒ අධර්මචාරී විසමචාරී

ජීවිතය හේතුවෙන් නිරය පාලකයෝ ඇවිල්ලා මෙයාව නිරයට ඇදගෙන යනවා. එතකොට එයාට 'අනේ නිරය පල්ලනි, මං මේ ශරීරය පිනවන්නයි මේ විදිහට අධර්මයේ හැසිරුනේ. ඒ නිසා මාව නිදහස් කරන්න' කියලා බේරෙන්න පුළුවන්ද කියලා අහනවා. 'අනේ භවත් සාරිපුත්තයන් වහන්ස, කොහොම බේරෙන්නද? එයා අඬද්දී ම නිරයට ඇදගෙන යනවා' කියනවා.

කලණ මිතුරු උපදෙස්....

ඊටපස්සේ සාරිපුත්ත මහරහතන් වහන්සේ අහනවා "ධනඤ්ජානි, මව්පියන් හේතුකරගෙන අධර්මයේ හැසිරීමද උතුම්, මව්පියන් වෙනුවෙන් ධර්මයේ හැසිරීමද උතුම්?"

"භවත් සාරිපුත්තයන් වහන්ස, යම් කෙනෙක් මව්පියන් හේතු කරගෙන අධර්මයේ හැසිරෙනවා නම්, ඒක උතුම් දෙයක් නෙවෙයි. මව්පියන් හේතුකරගෙන ධර්මයේ හැසිරෙනවා නම් ඒක තමයි උතුම්."

අපි කියමු කෙනෙකුට බොහොම ලාබෙට, සල්ලි ගොඩාක් හම්බවෙන රස්සාවක් කරන්න පුළුවන්. නමුත් අධාර්මිකයි. තව රස්සාවක් තියෙනවා කුලී වැඩ. හැබැයි ධාර්මිකයි. එයා කුලී වැඩ කරලා දෙමව්පියන්ට සලකනවා.

ධනඤ්ජානි කියනවා "**අධම්මචරියා විසමචරියා හි භෝ සාරිපුත්ත ධම්මචරියා සමචරියා සෙය්‍යෝ** භවත් සාරිපුත්තයන් වහන්ස, අධර්මයේ හැසිරීමට වඩා, විෂම හැසිරීමට වඩා ධර්මයේ හැසිරීම, සම හැසිරීම තමයි උතුම්" කියනවා.

ධාර්මික රස්සාවල් ඕනතරම් තියෙනවා....

ඊටපස්සේ සාරිපුත්තයන් වහන්සේ වදාළා "**අත්ථි භෝ ධනඤ්ජානි අඤ්ඤේ සහේතුකා ධම්මිකා කම්මන්තා** ධනඤ්ජානි, ධාර්මිකව කරන්න පුළුවන් පොඩි පොඩි රස්සාවල් තියෙනවා. **යේහි සක්කා මාතා පිතරෝ චේව පෝසේතුං.** ඒවායෙන් මව්පියන්ව පෝෂණය කරන්නත් පුළුවනි. **න ච පාපං කම්මං කත්තුං** පව් කරගන්න ඕන නෑ ඒකට. **පුඤ්ඤං ච පටිපදං පටිපජ්ජිතුං** පුණ්‍ය ප්‍රතිපදාවේ පිළිපදින්නත් පුළුවන්."

ඊළඟට අහනවා "ධනඤ්ජානි, යමෙක් තමන්ගේ දූදරුවන්ට, බිරිඳට අධර්මයෙන් හම්බ කරලා සලකන එකද උතුම්, එහෙම නැත්නම් තමන්ගේ දූදරුවන්ට, බිරිඳට ධර්මයෙන් හම්බ කරලා සලකන එකද උතුම්?"

"භවත් සාරිපුත්තයන් වහන්ස, තමන්ගේ අඹුදරුවන්ට අධර්මයෙන් හම්බ කරලා සලකන එකේ උතුම් කමක් නෑ. ධාර්මිකව හම්බ කරලා අඹුදරුවන්ට සැළකීමමයි උතුම්."

උඩින් ඔපේ.... යටින් හපේ....

දැන් අපි ගත්තොත් සමහරු අධර්මයෙන් හම්බ කරලා, හොරකම් කරලා, වංචා කරලා, දූෂණ කරලා, එක එක හොර බිස්නස් කරලා ඉඩ කඩම් අරගෙන, ලොකුවට ගෙවල් දොරවල් හදාගෙන, වාහන අරගෙන යනවා. පිටට පේන්නේ උතුම් වගේ. නමුත් එතන රැස් වෙලා තියෙන්නේ මොනවද? අකුසල්.

ඊටපස්සේ සාරිපුත්ත මහරහතන් වහන්සේ වදාරනවා "ධනඤ්ජානි, අඹුදරුවන්ට සලකන්න

පුළුවන් ධාර්මික රස්සාවල් තියෙනවා. ඒවායෙන් පව් රැස්වෙන්නේ නෑ. පුණ්‍ය ප්‍රතිපදාවේ පිළිපදින්නත් පුළුවන්" කියනවා. ඊළඟට අහනවා "ධනඤ්ජානි, දාස කම්කරුවන්ට සැලකීමට අධර්මයෙන් ක්‍රම හොයන එකද උතුම්, දාස කම්කරුවන්ට සැලකීමට දැහැමි ක්‍රම හොයන එකද උතුම්?" කියලා. මොකක්ද උතුම්? දැහැමි ක්‍රමයයි උතුම්. "ධනඤ්ජානි, මේ දාසකම්කරුවන්ට සලකන්න දැහැමි රස්සාවල්, දැහැමි ක්‍රම තියෙනවා. ඒවායෙන් පව් රැස්වෙන්නෙත් නෑ. තමන්ගේ පුණ්‍ය ප්‍රතිපදාවෙත් පිළිපැදගෙන ඉන්න පුළුවන්කම තියෙනවා."

අදටත් මනුස්ස බිලි දෙනවා....

මේ විදිහට සාරිපුත්ත මහරහතන් වහන්සේ මිතුරන්ට, ඥාතීන්ට, ආගන්තුකයින්ට, ඊළඟට මැරිච්ච ඥාතීන්ට අධර්මයෙන් කරන සැළකීමද උතුම්, ධර්මයෙන් කරන සැලකීමද උතුම් කියලා ධනඤ්ජානිගෙන් අහනවා. ධර්මයෙන් කරන සැළකීමයි උතුම් කියනවා. දැන් ඔය ඉන්දියාවේ අදටත් කැලෑබද ප්‍රදේශවල මනුස්ස බිලි දෙනවා. අර හියුංසියැං භ්‍රමණ වෘතාන්තයේ එහෙම සිද්ධියක් ගැන සඳහන් වෙනවා. මං හිතන්නේ මීට අවුරුදු එක්දහස් පන්සීයකට විතර කලින් ගිය ගමනක් ඒකේ තියෙන්නේ.

එකේ තියෙනවා හියුංසියැං ස්වාමීන් වහන්සේ නෞකාවක නැගලා ගංගා නම් ගඟේ පහළට යද්දි දෙපැත්තේ ලොකු ගස්කොළන් වලින් වැහිලා වට වෙලා වගේ තිබිච්ච ප්‍රදේශයකට ඇවිල්ලා තියෙනවා. තව මිනිස්සු අසූවක් විතර ඒ නැවේ ඉඳලා තියෙනවා. ටික වෙලාවක් යද්දි මිනිස්සු කීප දෙනෙක් පීනගෙන ඇවිල්ලා

මේ නැව ඉවුරට ඇදගෙන ගිහිල්ලා. බැලුවාම හොරු. මිනිස්සු කෑගහලා. හොරු කෑගහලා කියලා තියෙනවා ඇඳුම් ගසාපල්ලා හංගගෙන තියෙන සල්ලි බලන්න කියලා. මිනිස්සු අඬ අඬා කියලා තියෙනවා අනේ අපි බොහොම අසරණ වෙලා ඉන්නේ කියලා.

පින්වන්ත චීන භික්ෂුව....

හියුංසියැං ස්වාමීන් වහන්සේව දැකලා ඒ හොරු ටික 'ආ... මේන්න හම්බ වුනා... හැඩරුව ඇතිකෙනෙක් අපි හොය හොයා හිටියේ දූර්ගා පූජාවට ගන්ට' කියලා කතාවෙලා තියෙනවා. එතකොට මිනිස්සු කියලා තියෙනවා 'අනේ... මුන්වහන්සේ චීන රටෙන් ඇවිල්ලා තියෙන්නේ බෞද්ධ පොත් පත් අරගෙන යන්නයි, දඹදිව වන්දනා කරගෙන යන්නයි. ඒ නිසා මුන්වහන්සේව නිදහස් කරන්න' කියලා. එහෙම කියද්දීත් ඇදගෙන ගිහිල්ලා, ගහක් යට මැටි වලින් ආසනයක් හදලා, එතන ඉන්දවලා, ඉස්සරහින් පූජා ද්‍රව්‍ය එහෙමත් තැන්පත් කරලා. කරන්න දෙයක් නෑනේ ඉතින් උන්වහන්සේත් භාවනා කර කර ඉඳලා.

බලන්න භාවනාවක් පුරුදු කරන එකේ වටිනාකම. උන්වහන්සේ එකපාරම අධිෂ්ඨාන කරගෙන තියෙනවා 'කමක් නෑ... මම තුසිත දිව්‍යලෝකේ යනවා මරණින් මත්තේ. එහේදි මම මෛත්‍රී බෝසතාණන් වහන්සේව මුණගැහිලා ධර්මය ඉගෙන ගන්නවා' කියලා ඇස් වහගෙන ධර්මය මෙනෙහි කරගෙන ගිහිල්ලා. එතකොට උන්වහන්සේගේ හිත එකඟ වෙලා. අර පොතේ තමයි මේ විස්තරේ තියෙන්නේ. ඊටපස්සේ හොරු ටික කඩු අරගෙන දූර්ගා පූජාවට

ලෑස්ති වෙද්දි එකපාරටම දරුණු හුළඟක් ඇවිල්ලා
ගස් කොළන් ඇඹරිලා ගිහිල්ලා මහා විනාසයක් වෙලා.
අර හාමුදුරුවෝ තවම භාවනා කරනවා. ටිකක් වෙලා
ගිහිල්ලා ඇස් ඇරියාම හොරු ටික ඉන්නවාලු භය
වෙලා කඩු බිම දාලා. ඊටපස්සේ හොරු ටික කියලා
තියෙනවා 'අනේ සමාවෙන්න අපි ඔබ වහන්සේට
වරදක් කළාට' කියලා. ඉතින් හියුංසියාං හාමුදුරුවෝ
ඒ හොරුන්ව තිසරණයේ පිහිටුවලා 'මීට පස්සේ
උඹලා මේ වගේ භයානක දේවල් කරන්න එපා'
කියලා.

මනුස්ස බිලි....

එතකොට බලන්න දෙවියන් වෙනුවෙන් හාර හාර
වලට බිලි දෙනවා. සමහර ඉන්දියන් මිනිස්සු කියන ඒවා
මං අහලා තියෙනවා අදත් ඉන්දියාවේ පාලමක් හදා
ගන්න බැරිනම් පාරේ නිදාගෙන ඉන්න මනුස්සයෙක්ව
අරගෙන යනවලු. ගිහිල්ලා පල්ලෙහාට දාලා සිමෙන්ති
මිශ්‍රණය ඒක උඩින් දානවලු. එහෙමලු පාලම් හදනවා
කියන්නේ. ඉන්දියාවේ කැලෑබද ප්‍රදේශවල තාමත් බිලි
දෙනවා මිනිස්සුන්ව දේවපූජා කිය කිය. මෙහේ පොඩි
රටක්නේ. මෙහේ ඉතින් ඒ ප්‍රශ්න නෑ.

සාරිපුත්තයන් වහන්සේ අහනවා "ධනඤ්ජානි,
මැරිච්ච අයට සළකන්න හිතාගෙන අධර්මයෙන් හම්බ
කරන එකද උතුම්, ධාර්මිකව හම්බ කරන එකද උතුම්?"
ධාර්මිකව කරන එක උතුම් කියනවා. "ධනඤ්ජානි,
මැරිච්ච ඥාතීන් වෙනුවෙන් ධාර්මිකව කරන්න දේවල්
තියෙනවා. ඒ ධාර්මික දේවල් කරලා මැරිච්ච ඥාතීන්ට
පින් දෙන්නත් පුළුවනි. තමන්ගේ පුණ්‍ය ප්‍රතිපදාවේ
යෙදෙන්නත් පුළුවනි" කියනවා.

ධර්මයේ හැසිරීම ම යි උතුම්....

ඊටපස්සේ අහනවා "ධනඤ්ජානි, දෙවියන් වෙනුවෙන් අධාර්මිකව කරන දේවල් ද උතුම්, නැත්නම් ධාර්මිකව කරන දේවල් ද උතුම්?" ධාර්මිකව කරන දේවල් උතුම් කියනවා. "ධනඤ්ජානි, දෙවියන්ට සැලකීම පිණිස ධාර්මිකව කළ හැකි දේවල් තියෙනවා. ඒවායින් පව් රැස් වෙන්නෙත් නෑ. පුණ්‍ය ප්‍රතිපදාවේ යෙදෙන්නත් පුළුවන්" කියනවා. ඊටපස්සේ අහනවා "ධනඤ්ජානි, ආණ්ඩුවට, රජ්ජුරුවන්ට සේවය කරන්ට ගිහිල්ලා අධාර්මික වෙන එකද උතුම්, ධාර්මික සේවය ද උතුම්?" ධාර්මික සේවය උතුම් කියනවා. "ධනඤ්ජානි, ධාර්මික කර්මාන්ත තියෙනවා රජ්ජුරුවන්ට සේවය කරන්න පුළුවන්. ඒ ධාර්මික කර්මාන්තවල යෙදිලා, රජ්ජුරුවන්ටත් සේවය කරගෙන, තමන්ට පින් කරගන්නත් පුළුවන්" කියනවා.

ඊටපස්සේ සාරිපුත්තයන් වහන්සේ අහනවා "ධනඤ්ජානි, කය පිනවන්ට ගිහින් අධර්මයේ හැසිරෙන එකද උතුම්, කය පිනවන්ට ධර්මයේ හැසිරෙන එකද උතුම්?" කියලා. එතකොට ධනඤ්ජානි පිළිතුරු දෙනවා "**යෝ හි භෝ සාරිපුත්ත කායස්ස පීණනහේතු බ්‍රෑහනහේතු** භවත් සාරිපුත්තයන් වහන්ස, යම් කෙනෙක් කය පිනවීම සඳහා **අධර්මචාරී විසමචාරී අස්ස** විෂමචාරී අධර්මචාරී වෙනවා නම් **න තං සෙය්‍යෝ** ඒක උතුම් දෙයක් නෙමෙයි. යමෙක් ධාර්මිකව, ධාර්මික ක්‍රම වලින් කය පිනවනවා නම් ඒක උතුම්" කියනවා. එතකොට සාරිපුත්තයන් වහන්සේ වදාළා "ඒක හරි ධනඤ්ජානි, තමන්ගේ කය පිනවන්න ඕන නම් ඒ සඳහා බොහොම සාධාරණ කර්මාන්ත කටයුතු තියෙනවා. **න ච පාපං කම්මං කත්තුං** ඒකට පව් කරන්න ඕන නෑ. **පුඤ්ඤං ච**

පටිපදං පටිපජ්ජිතුන්ති පුණ්‍ය ප්‍රතිපදාවේ පිළිපැදගෙන
කරන්න පුළුවන්" කියනවා.

රිසල්ට් ලැබෙන වෙලාව ආවා....

ඔන්න දැන් සාරිපුත්තයන් වහන්සේ මේ විදිහට
මෙයාට උපදෙස් දුන්නා. ධනඤ්ජානි බ්‍රාහ්මණයාත්
බොහොම සන්තෝෂයට පත්වෙලා පිටත් වෙලා ගියා.
කලක් ගත වුනා. ඔන්න රිසල්ට් ලැබෙන වෙලාව ආවා.
රිසල්ට් එන්නේ නෑනේ එක පාරට. කලක් ගතවෙනවා.
ඔන්න මෙයා ලෙඩ වෙලා, දුකට පත්වෙලා ගිලන් වුනා.
එතකොට ධනඤ්ජානි බ්‍රාහ්මණයා සේවකයෙකුට කතා
කරලා කිව්වා "එම්බා පුරුෂය, ගිහින් මාගේ වචනයෙන්
භාග්‍යවතුන් වහන්සේගේ ශ්‍රීපාද පද්ම වන්දනා කරන්න.
ඊටපස්සේ කියන්න 'ස්වාමීනි, ධනඤ්ජානි බ්‍රාහ්මණයා
රෝගී වෙලා බොහොම දුකට පත්වෙලා ඉන්නවා. ඔහු
භාග්‍යවතුන් වහන්සේගේ ශ්‍රීපාද වන්දනා කරනවා' කියලා.

ඊටපස්සේ සාරිපුත්ත මහරහතන් වහන්සේ
හොයාගෙන යන්න. මාගේ වචනයෙන් උන්වහන්සේගේ
පාදත් සිරසින් වන්දනා කරලා මෙහෙම කියන්න 'ස්වාමීනි,
ධනඤ්ජානි බ්‍රාහ්මණයා අසනීප වෙලා, බොහොම දුකට
පත්වෙලා ඉන්නවා. ඔහු ඔබවහන්සේගේ පාද සිරසින්
වන්දනා කරනවා. අනේ ස්වාමීනි, අනුකම්පා කරලා
ධනඤ්ජානි බ්‍රාහ්මණයාගේ නිවසට වඩින්න' කියලා
ආරාධනා කරන්න" කියනවා.

ලොවට උතුම් පින්කෙත....

ඉතින් මෙයත් ගිහිල්ලා ඉස්සෙල්ලාම ධනඤ්ජානි
වෙනුවෙන් බුදුරජාණන් වහන්සේට වන්දනා කළා.

ඊටපස්සේ සාරිපුත්තයන් වහන්සේ ළඟට ගිහින් වන්දනා
කළා. වන්දනා කරලා 'ස්වාමීනි, ධනඤ්ජානි බ්‍රාහ්මණයා
අසනීප වෙලා, බොහොම දුකට පත්වෙලයි ඉන්නේ.
ඔහු ඔබවහන්සේගේ පාද සිරසින් වන්දනා කරනවා.
අනුකම්පා කරලා ධනඤ්ජානි බ්‍රාහ්මණයාගේ නිවසට
වඩින්න කියලා එතුමා ඔබවහන්සේට ආරාධනා කළා'
කියලා කිව්වා.

එතකොට සාරිපුත්තයන් වහන්සේ සිවුරු
පොරවාගෙන පා සිවුරු අතට අරගෙන ධනඤ්ජානිගේ
නිවසට වැඩියා. වැඩියට පස්සේ සාරිපුත්තයන් වහන්සේ
ධනඤ්ජානිගෙන් අහනවා "ධනඤ්ජානි, ඉවසන්න
පුළුවන්ද? **කච්චි දුක්බා වේදනා පටිකමන්ති නෝ
අභික්කමන්ති** දුක් වේදනාවල අඩුවීමක් නේද පෙන්නුම්
කරන්නේ? වැඩිවීමක් නෙවෙයි නේද?"

මරණාසන්න මොහොත....

"අනේ ස්වාමීනි, මට නම් ඉවසන්න බෑ. හරි
අමාරුයි. මේ කායික පීඩාව එන්න එන්නම වැඩිවෙනවා.
ස්වාමීනි, මගේ ඔළුව පුපුරන්න වගේ. බලවත් පුරුෂයෙක්
තියුණු කඹයකින් හිස වෙලලා අඹරනවා වගේ මේ
ඔළුවේ කැක්කුම. ඒ විතරක් නෙමෙයි ස්වාමීනි, වාතය
ඉහමොළට ගහලා හිසට පොල්ලකින් ගහනවා වගේ
හරි වේදනාවෙන් මං ඉන්නේ. ස්වාමීනි, ගවයන් මරන
මනුස්සයෙක් මස් කපන පිහියකින් ගවයකුගේ බඩවැල්
කපනවා වගේ මගේ මේ බඩ මහා වේදනාවකින් කැක්කුම්
දෙනවා. අනේ ස්වාමීනි, බලවත් පුරුෂයෝ දෙන්නෙක්
එකතු වෙලා දුර්වල මනුස්සයෙක්ව ගිනි අඟුරු ගොඩක
දැම්මා වගේ මගේ මුළු ඇඟම ගිනි ගන්නවා වගේ."

සතර අපායෙන් ගොඩ ගැනීම....

එතකොට සාරිපුත්තයන් වහන්සේට තේරුනා දැන් මෙයා නිරයට යන්නයි මේ හදන්නේ කියලා. උන්වහන්සේ ධනඤ්ජානිගෙන් අහනවා "ධනඤ්ජානි, මොකක්ද උතුම්? නිරයට යන එකද, තිරිසන් අපායට යන එකද?"

"භවත් සාරිපුත්තයන් වහන්ස, නිරයට යන එකට වඩා තිරිසන් අපාය හොඳයි."

"ධනඤ්ජානි, තිරිසන් අපායට යන එකද හොඳ, ප්‍රේතයෙක් වෙලා උපදින එකද හොඳ?"

"භවත් සාරිපුත්තයන් වහන්ස, පෙරේතයෙක් වෙන එක තිරිසනෙක් වෙනවාට වඩා හොඳයි."

"ධනඤ්ජානි, පෙරේතයෙක් වෙන එකද උතුම්, මනුස්සයෙක් වෙන එකද උතුම්?"

"භවත් සාරිපුත්තයන් වහන්ස, පෙරේතයෙක් වෙන එකට වඩා මනුස්සයෙක් වෙන එක උතුම්."

"ධනඤ්ජානි, මනුස්සයෙක් වෙන එකද උතුම්, චාතුම්මහාරාජික දෙවියෙක් වෙන එකද උතුම්?" "භවත් සාරිපුත්තයන් වහන්ස, මනුස්සයෙක් වෙනවට වඩා චාතුම්මහාරාජිකයේ දෙවියෙක් වෙන එක හොඳයි."

නිරය පෙනී පෙනීත් සිහියෙන් ඉන්නවා....

ඔබෙන් ඇහුවොත් කවුරුහරි මේ විදිහට ඔබ මොකක් කියයිද? 'අනේ ස්වාමීනි, ඇයි අපෙන් ඔය වගේ ප්‍රශ්න අහන්නේ?' කියලා අහයි. මේ වගේ උත්තර

දීගන්න මොළේ නෑ. දැන් බලන්න මේකේ කොච්චර වෙනසක්ද? ඒ මිනිස්සුන්ගේ ලෝකයේ තිබ්බ්ච හැකියාව අද අහලකවත් නෑ. මම දවසක් එක ආච්චි කෙනෙක් ගෙන් ඇහුවා 'ආච්චි, මනුස්සයෙක් වෙන එකද හොඳ, තුසිතයේ යන එකද හොඳ?' කියලා. එතකොට ඒ ආච්චි කිව්වා 'හප්පේ... තුසිතයේ ගිහින් මක් කරන්නද? මට ඊළඟ ආත්මෙත් අසවල් ගමේ ම උපදින්න තියෙනවා නම් හොඳයි" කිව්වා. ඔය කොළඹ පැත්තේ ගමක්.

දැන් බලන්න මේ ධනඤ්ජානි අවසාන මොහොතෙත් සිහියෙන් ඉන්නවා. නිරය පෙනි පෙනීත් සිහියෙන් ඉන්නවා. නිරය පෙනි පෙනීත් සාරිපුත්ත මහරහතන් වහන්සේ අහන ප්‍රශනෙට හරි උත්තරේ දෙන්න තේරෙනවා. මේ හැකියාව අද තියෙනවා කියලා මම නම් විශ්වාස කරන්නේ නෑ.

දෙව්ලොවටත් ගෙනාවා....

ඊට පස්සේ අහනවා "ධනඤ්ජානි, චාතුම්මහාරාජිකයේ දෙවියෙක් වෙන එකද උතුම්, තව්තිසාවේ දෙවියෙක් වෙන එකද?"

"භවත් සාරිපුත්තයන් වහන්ස, තව්තිසාවේ දෙවියෙක් වෙන එක උතුම් චාතුම්මහාරාජිකයේ දෙවියෙක් වෙනවාට වඩා."

"ධනඤ්ජානි, තව්තිසාවේ දෙවියෙක් වෙන එකද උතුම්, යාමයේ දෙවියෙක් වෙන එකද උතුම්?"

"භවත් සාරිපුත්තයන් වහන්ස, තව්තිසාවේ දෙවියෙක් වෙනවාට වඩා යාමයේ දෙවියෙක් වෙන එක උතුම්."

"ධනඤ්ජානි, යාමයේ දෙවියෙක් වෙන එකද උතුම්, තුසිතයේ දෙවියෙක් වෙන එකද උතුම්?"

"භවත් සාරිපුත්තයන් වහන්ස, යාමයේ දෙවියෙක් වෙනවාට වඩා තුසිතයේ දෙවියෙක් වෙන එක උතුම්."

"ධනඤ්ජානි, තුසිතයේ දෙවියෙක් වෙන එකද උතුම්, නිම්මාණරතියේ දෙවියෙක් වෙන එකද උතුම්?"

"භවත් සාරිපුත්තයන් වහන්ස, තුසිතයේ දෙවියෙක් වෙනවාට වඩා නිම්මාණරතියේ දෙවියෙක් වෙන එක හොඳයි."

"ධනඤ්ජානි, නිම්මාණරතියේ දෙවියෙක් වෙන එකද උතුම්, පරනිම්මිතවසවත්තියේ දෙවියෙක් වෙන එකද උතුම්?"

බඹලොව සිත පිහිටෙව්වා....

ඔබෙන් ඇහුවොත් ඕක අපෙන් අහයි ස්වාමීන් වහන්ස, පරනිම්මිතවසවත්තියේ නේද මාරයා ඉන්නේ කියලා. එච්චරට ම මෝඩයි. ධර්මය අල්ලගන්න බැරි අවුල මම මේ කියන්නේ. "භවත් සාරිපුත්තයන් වහන්ස, නිම්මාණරතියට වඩා පරනිම්මිතවසවත්තිය හොඳයි" කියනවා.

ඊළඟට අහනවා "ධනඤ්ජානි, පරනිම්මිත වසවත්ති ලෝකයද උතුම්, නැත්නම් බ්‍රහ්ම ලෝකේ උපදින එකද?"

"භවත් සාරිපුත්තයන් වහන්ස, බ්‍රහ්මලෝකය හොඳයි" කියනවා. ඒක දෙපාරක් ම කියනවා. **"බ්‍රහ්මලෝකෝති භවං සාරිපුත්තෝ ආහ. බ්‍රහ්මලෝකෝති භවං සාරිපුත්තෝ ආහ.** සාරිපුත්තයන්

වහන්ස, බඹලොව හොඳයි, සාරිපුත්තයන් වහන්ස බඹලොව හොඳයි" කියනවා.

බඹලොවට යන මග....

මේ බලන්න මෝඩකමෙන් වැරදි විදිහට රස්සාව කරපු, අධර්මයේ හැසිරුණු මනුස්සයෙක් වෙනස් වෙන විදිහ. **අථ ඛෝ ආයස්මතෝ සාරිපුත්තස්ස ඒතදහෝසි** එතකොට සාරිපුත්තයන් වහන්සේට මෙහෙම හිතුනා. "**ඉමේ ඛෝ බ්‍රාහ්මණා බ්‍රහ්මලෝකාධිමුත්තා.** මේගොල්ලෝ බ්‍රාහ්මණයෝ. මේගොල්ලෝ ගොඩාක් ආසා බ්‍රහ්මලෝකේ උපදින්නයි. ඒ නිසා මම මේ ධනඤ්ජානි බ්‍රාහ්මණයාට බ්‍රහ්ම ලෝකෙට යන්න මග කියන්න ඕන" කියලා. සාරිපුත්තයන් වහන්සේ 'එහෙනම් ධනඤ්ජානි, බ්‍රහ්ම ලෝකෙට යන්ට මම ක්‍රමය කියන්නම්. හොඳට අහගන්න' කිව්වා. 'එහෙමයි... එහෙමයි... අනේ මට කියන්න' කිව්වා.

ඉතින් සාරිපුත්තයන් වහන්සේ වදාළා "ධනඤ්ජානි බ්‍රහ්මලෝකේ යන්න මාර්ගය මේකයි. (හරි ලස්සනයි මේ කතා කරන රටාව. ඔබ මෙහෙම කරන්න කියලා කියන්නේ නෑ. බ්‍රහ්ම ලෝකෙට යන ක්‍රමය භික්ෂුවක් ප්‍රගුණ කරන විදිහයි මේ කියන්නේ) මෙහිලා භික්ෂුව **මෙත්තාසහගතේන චේතසා ඒකං දිසං ඵරිත්වා විහරති** මෛත්‍රී සහගත සිතුවිලි එක් දිශාවකට පතුරුවා වාසය කරයි. **තථා දුතියං** ඒ වගේම දෙවන දිසාවටත් පතුරුවා වාසය කරයි. **තථා තතියං** ඒ වගේම තුන්වන දිසාවටත් පතුරුවා වාසය කරයි. **තථා චතුත්ථිං** ඒ වගේම හතරවන දිසාවටත් පතුරුවා වාසය කරයි.

සිව්බඹ විහරණ....

ඉති උද්ධමධෝ තිරියං මේ වගේ උඩ, යට, හරහට **සබ්බධි සබ්බත්තතාය** හැම තැනම හැම අයුරින්ම **සබ්බාවන්තං ලෝකං** සකල ලෝකයට **මෙත්තාසහගතේන චේතසා** මෛත්‍රී සහගත සිතින් **විපුලේන** විපුල ලෙස **මහග්ගතේන** මහග්ගත ලෙසත් (තමන් ඉන්න තැන ඉඳලා ටිකෙන් ටික ප්‍රදේශය පුළුල් කරමින් මෙත් සිත වැඩීම) **අප්පමාණේන** අප්‍රමාණ ලෙසත් (දිශා වශයෙන් මෙත් සිත වැඩීම) **අවේරේන අබ්‍යාපජ්ඣේන ඵරිත්වා විහරති** වෛර නැති, තරහා නැති සිත පතුරුවා වාසය කරයි. ධනඤ්ජානි, බඹ ලොව යන්න ක්‍රමය මේකයි" කියනවා. මේ විදිහට බ්‍රහ්ම විහාර භාවනා හතර ගැනම විස්තර කරනවා.

මෛත්‍රී සහගත චේතනා මොනවද? වෛර නැත්තෝ වෙත්වා, තරහ නැත්තෝ වෙත්වා, දුක් පීඩා නැත්තෝ වෙත්වා, සුවසේ ජීවත් වෙත්වා ආදී සිතිවිලි. ඊළඟට නිදුක් වෙත්වා, නීරෝගී වෙත්වා, සුවපත් වෙත්වා කියන්නේ කරුණාව. ඊළඟට මුදිතා සහගත සිත කියන්නේ මේ අය ධනයෙන් දියුණු වෙත්වා, සීලයෙන් දියුණු වෙත්වා, ගුණයෙන් දියුණු වෙත්වා, නුවණින් දියුණු වෙත්වා, ශ්‍රද්ධාවෙන් දියුණු වෙත්වා ආදී වශයෙන් අන් අයගේ සැපය ප්‍රාර්ථනා කිරීම. උපේක්ෂා සහගත සිත පතුරුවනවා කියන්නේ මේ සියලු සත්වයෝ කර්මය තමාගේ දේ කොට, කර්මය ඤාතියා කොට, කර්මය පිළිසරණ කොටයි සිටින්නේ. තම තමන් කරන හොඳ නරක කර්මවල විපාක දායාද කරගෙනයි ඉන්නේ කියලා මධ්‍යස්ථ සිතුවිලි පවත්වන

එක. මේක තමයි බ්‍රහ්ම ලෝකෙට යන්න තියෙන මාර්ගය.

බාධා කරන්න කවුරුත් නෑ....

දැන් බලන්න සාරිපුත්තයන් වහන්සේ එහෙම දේශනා කරහම ධනඤ්ජානිගේ පවුලේ කට්ටිය වට වෙලා කතා කරලා එයාට මේ වැඩේ කරගන්න බාධා කරයිද? කවුරුත් නෑ බාධා කරන්න. අද එහෙම නෑනේ. ඔන්න අපි යම්කිසි අවවාදයක් කරලා ගියා කියමු. ඊට පස්සේ එක්කෙනෙක් ඇවිල්ලා අහනවා 'සුප් ටිකක් දෙන්නද?' තව එක්කෙනෙක් ඇවිල්ලා කියනවා 'දැන් සුප් දෙන්න එපා. දැන් පොඩ්ඩකට ඉස්සෙල්ලා දීලා තියෙන්නේ.' එතකොට අසනීප එක්කෙනා ඕක තමයි අහගෙන ඉන්නේ.

ඊටපස්සේ තව එක්කෙනෙක් කියනවා 'ඔහොම ඉන්න එපා... මෙයාට පොඩ්ඩක් ටීවී එක දාලා දෙන්න බලන්න' කියලා. මේවා වෙනවද නැද්ද මේ කාලේ? අවුලලා කළඹලා අපායටමයි දාන්නේ. උදව්වක් නෑ. 'දැන් මේ උපදේශයක් දුන්නා නේද...? දැන් ඒක මෙනෙහි කරන්න. කවුරුත් මෙයාට බාධා කරන්න එපා... මෙයාට මේක නිදහසේ මෙනෙහි කරන්න ඉඩ දෙන්න...' කියලා උදව් කරන අය නෑ. එන්න එන්න තත්වය දරුණුයි.

අනුකම්පාවෙන් තොරයි....

මේ කාලේ වෙලා තියෙන්නේ දෙමව්පියන්ට කන්න ටිකක් දුන්නට දෙමව්පියන්ගේ සැබෑ අවශ්‍යතාවය මොකක්ද කියලා දරුවෝ දන්නේ නෑ. ඒ නිසා දෙමව්පියන් අසනීප වෙලා අපි කියමු එක්කෝ ඉස්පිරිතාලේ හරි

එක්කෝ ගෙදර හරි ඉන්නවා කියලා. ළඟට ඇවිල්ලා ගෙදර ප්‍රශ්න ටික, ඉඩකඩම් ප්‍රශ්න ටික ඔක්කොම කියනවා අර අම්මට. එක්කෝ අසවලා මෙහෙම කිව්වා, අසවලා මෙහෙම කිව්වා කියලා මිනිස්සු බැනපුවා ඇවිල්ලා කියනවා.

ආන්න අසවලා අර ඉඩම් කෑල්ලට දැන් ඔන්න ඔට්ටු වෙනවා කියලා ලෙඩාගේ හිත අවුල් වෙන දේවල් ම කියන්න ගන්නවා. මොකද හේතුව? සසර ගැන දන්නේ නැතිකම නිසා අනුකම්පාවෙන් තොරයි. ඒකයි වෙලා තියෙන්නේ. ඊටපස්සේ අසනීපෙ හොඳටම වැඩිවුනාම ඉස්පිරිතාලෙකට ගෙනිහිල්ලා ඔය කොහේහරි තියලා ගෙවල්වලට යනවා. ඊටපස්සේ කාත් කවුරුත් නෑ. සිහිය උපද්දවන්න කෙනෙක් නෑ. සිහිය පිහිටුවා ගන්න හැටි දන්නෙත් නෑ. ඔහේ සිහිවිකල් වෙලා මැරිලා යනවා.

එවෙලෙම හිත හදාගත්තා....

දැන් ඔන්න මේ විදිහට සාරිපුත්ත මහරහතන් වහන්සේ කරුණු කියා දුන්නා. ඊටපස්සේ මෙයා කියනවා "එහෙනම් භවත් සාරිපුත්තයන් වහන්ස, මගේ වචනයෙන් භාග්‍යවතුන් වහන්සේට වන්දනා කරන්න. 'ස්වාමීනී, ධනඤ්ජානි බ්‍රාහ්මණයා ආබාධිතව දුක්ඛිතව වාසය කරනවා. එයා භාග්‍යවතුන් වහන්සේ පා කමල් සිරසින් වන්දනා කරනවා' කියලා. ඉතින් සාරිපුත්තයන් වහන්සේ ධනඤ්ජානි බ්‍රාහ්මණයාට මේ විදිහට සිහිය උපද්දවලා බ්‍රහ්ම ලෝකේ උපදින්ට මග කියාදීලා ආපහු වැඩියා.

මෙයා එවෙලෙම හිත හදාගත්තා ඒකට. සාරිපුත්තයන් වහන්සේ වැඩලා පොඩි වෙලාවකින්

කලුරිය කරලා බඹලොව උපන්නා. බුදුරජාණන් වහන්සේ දිවැසින් දැක්කා සාරිපුත්තයන් වහන්සේ ගිහිල්ලා ධනඤ්ජානිට අවවාද කරන විදිහ. ඒ වගේම ධනඤ්ජානි මිය ගිහිල්ලා බ්‍රහ්ම ලෝකයේ ඉපදෙනවත් දැක්කා. බුදුරජාණන් වහන්සේ වේළුවනාරාමයේ වැඩඉන්න භික්ෂූන්ට කියනවා "මහණෙනි, අපේ සාරිපුත්තයෝ ධනඤ්ජානි බ්‍රාහ්මණයාට සිහිය ඉපැද්දුවා. නමුත් තවදුරටත් ධනඤ්ජානි බ්‍රාහ්මණයාව මේ මාර්ගයේ ගෙනියන්න තිබුනා. මේ හීන වූ බඹලොව පිහිටුවලා ආවා නෙව" කියලා.

අනිත් ලෝක ගැන කවර කතා ද...?

ඔන්න දැන් සාරිපුත්ත මහරහතන් වහන්සේ ආපහු වැඩලා ධනඤ්ජානිගේ වචනයෙන් බුදුරජාණන් වහන්සේට වන්දනා කළා. "ස්වාමීනි, ධනඤ්ජානි වෙනුවෙනුයි මේ වන්දනා කරන්නේ. එයා අසනීපයෙන් ඉන්නේ. භාග්‍යවතුන් වහන්සේට වන්දනා කරන්න කිව්වා" කියලා. එතකොට බුදුරජාණන් වහන්සේ අහනවා "ඇයි සාරිපුත්ත, ධනඤ්ජානිව හීන වූ බ්‍රහ්ම ලෝකේ පිහිටෙව්වේ?" කියලා. බලන්න බුදුරජාණන් වහන්සේ බ්‍රහ්ම ලෝකය හැඳින්නුවෙත් කොහොමද? හීන වූ බ්‍රහ්ම ලෝකය කියලා. අනිත් ලෝක ගැන කවර කථාද?

හීන වූ බ්‍රහ්ම ලෝකේ පිහිටෙව්වේ මොකද කියලා අහනවා. එතකොට කියනවා "අනේ ස්වාමීනි, මට මෙහෙම හිතුනා. මේගොල්ලෝ බ්‍රාහ්මණයෝ නොවැ. මේ බ්‍රාහ්මණයන් බ්‍රහ්ම ලෝකේ උපදින්නයි ආසා. ඒ නිසා මං මොහුට බ්‍රහ්ම ලෝකේ හිත පිහිටුවා ගන්න හැටි කියා දෙන එක හොඳයි" කියලා. එතකොට බුදුරජාණන්

වහන්සේ වදාලා (තවම සාරිපුත්ත මහරහතන් වහන්සේ
දන්නෙ නෑ ධනඤ්ජානි මියගිය බව) "කාලකතෝ ව
සාරිපුත්ත ධනඤ්ජානි බ්‍රාහ්මණෝ සාරිපුත්ත, ධනඤ්ජානි
බ්‍රාහ්මණයා කලුරිය කළා. බ්‍රහ්මලෝකං ව උපපන්නෝ.
කළුරිය කරලා බ්‍රහ්ම ලෝකයේ උපන්නා" කියලා.

කළණ මිතුරු ඇසුර නොලැබුනා නම්....

සාරිපුත්තයන් වහන්සේ මුණනොගැසුනා නම් ඒ
අවසාන මොහොතේ ධනඤ්ජානි කොහේද? නිරයේ.
එහෙම වුනා නම් නිරයේ යන්නෙ බඹලොවටත්
වඩා ඉහළට යන්න හැකියාවක් තිබිච්ච කෙනෙක්.
ධනඤ්ජානි කියන්නෙ තමන්ගේ හිත වහා වෙනස්
කරගෙන ධර්මයට ගන්න පුළුවන් කුසලතාවය තිබිච්ච
කෙනෙක්. නමුත් සාරිපුත්තයන් වහන්සේට තේරුනේ
නෑ එච්චර කුසලතාවයක් ඔහු තුල තියෙනවා කියලා.
නමුත් බුදුරජාණන් වහන්සේ දැක්කා ධනඤ්ජානිට ඒ
කුසලතාවය තියෙනවා.

ඒ කියන්නෙ මාර්ගඵල අවබෝධයක් එක්ක
එයාට සමහර විට මේ කියන හැටියට නම් අනාගාමී
වගේ තත්වයකට යන්න පුළුවන්කමක් තිබිච්ච කෙනෙක්.
ඉතින් ඒ නිසා පින්වත්නි, අපි මේකෙන් තේරුම් ගන්න
ඕන තමන් කල්පනා කරන රටාවේ වාද විවාද නැතිකම,
තමන් කල්පනා කරන රටාවේ තියෙන අහිංසකකම,
තමන් කල්පනා කරන රටාවේ තියෙන නිහතමානීකම
තමන්ට උදව් වෙනවා කියන එක.

අද කාලේ අය එච්චර නිහතමානී නෑ....

දැන් බලන්න මේ අහපු ප්‍රශ්න විස්තරෙයි,
සාරිපුත්තයන් වහන්සේ එයාට මුලින්ම කරපු දේශනාවයි

අද අපි මනුස්සයෙක් එක්ක කතා කළොත් එයා අපිත් එක්ක ගැටුමක් ඇති කර ගන්නවා නේද? ඒ මොකද හේතුව, එච්චර නිහතමානී නෑ. එච්චර බුද්ධිමත් නෑ. එච්චර කල්පනාකාරී නෑ. එයා බලන්නේ කොහොමහරි ඒකට විරුද්ධව වචනයක් කියලා තමන් ඊට වඩා දන්නවා කියලා පෙන්නන්න. අපි හොඳටම මූණ දීලා තියෙන ප්‍රශ්න නිසයි මේ කියන්නේ. මේ නිසා මොකද වෙන්නේ, වේගයෙන් ධර්මයෙන් ඈත් වෙනවා. ධර්මය ළං කරගන්න තියෙන අවස්ථාව වේගයෙන් නැති වෙවී යනවා.

දැන් බලන්න මේ ධනඤ්ජානි කෙලින්ම කිව්වා මට මේවා කරන්න තියනවා, මට මේවා කරන්න තියනවා, ඒ නිසා මට නම් ඔය අප්‍රමාදය ගැලපෙන්නේ නෑ කිව්වා. එතකොට සාරිපුත්තයන් වහන්සේ පැහැදිලි කරලා දුන්නා ධර්මයේ හැසිරීමටයි අප්‍රමාදී වෙනවා කියන්නේ. ධර්මයේ හැසිරෙමින් ඕවා කරන්න පුළුවන් කියලා. ධර්මයේ හැසිරෙමින් දෙමාපියන්ට සලකන්න පුළුවන් කිව්වා. ධර්මයේ හැසිරෙමින් අඹුදරුවන්ට සලකන්න පුළුවන් කිව්වා.

ධර්මය නැති ජීවිත වලට වෙන දේ....

ධර්මයේ හැසිරෙන්ට බැරිවුනොත් මොකක්ද වෙන්නේ? පසුගිය දවස්වල මට අහන්න ලැබුනා හරි සංවේගජනක සිද්ධියක්. එක විවාහක ජෝඩුවක් හිටියා. මං හිතන්නේ ඒ මහත්තයා ආරක්ෂක අංශයේ සේවය කරලා තියෙන්නේ. බිරිඳට බොහෝම ආදරෙයි. ඉතින් මේ මහත්තයා සේවයට ගියාම එක එක කතන්දර බිරිඳ ගැන හැදෙනවා. මෙයා හොඳ කෙනෙක් නෙවෙයි. මෙහෙමයි, එක එක මිනිස්සු ගෙදරට එනවා කියලා.

ඒත් මහත්තයා පිළිගන්නේ නෑ. සම්පූර්ණ විශ්වාසයකින් හිටියා. බලන්න මේ ධර්මය නැතිවීම ජීවිතයට සාපයක් වෙන හැටි. දවසක් මේ මහත්තයා බස් එකේ රස්සාවට යද්දි කෝල් එකක් එනවා ඔන්න අද දෙන්නම ඉන්නවා අතටම අල්ලගනින් කියලා.

මෙයා බස් එකෙන් බැස්සා. සද්ද නැතිව ගෙදර ගියා. බැලුවාම දොරවල් ජනෙල් ඔක්කොම වහලා. මේගොල්ලෝ ඉන්න කාමරේ බැලුවා. ඒකත් වහලා. හිමීට වහලට නැග්ගා. වහලට නැගලා හිමීට කවුළුවෙන් බැලුවා. බලද්දී දෙන්නා ඉන්නවා. ආයෙත් හිමීට පල්ලෙහාට බැස්සා. ගත්තා යකඩ ඉන්න. හිමීට වහලට නැග්ගා. හිමීට උළු කැටයක් අයින් කළා. දැන් අරගොල්ලන්ට තේරෙන්නේ නෑනේ වහලේ උළු ගැලවෙනවා. හිමීට ඉලක්ක කරලා අර යකඩ ඉන්න වේගයෙන් දමලා ගැහුවා. දෙන්නම පසාරු කරගෙන ඇඳ අස්සෙන් ගියා. ඔන්න කසාදේ කෙලවර වෙච්ච හැටි. ඊටපස්සේ ඒ මහත්තයා හිරේ. අර දෙන්නා නිරයේ. මොකක්ද මේකට හේතුව? ප්‍රමාදය.

ධර්මයේ හැසිරීමට තැනක් නෑ....

ප්‍රමාදී කෙනාට තියෙන්නේ හිතට එන එන දේ පස්සේ යන්නයි. දැන් අපි මේ ජීවත්වෙන පරිසරය තුළ ධර්මයට තැනක් තියෙනවද? ධර්මයට තියෙන තැන බොහෝම අඩුයි. ධර්මයේ හැසිරීමට තියෙන තැනත් අඩුයි. ඔහොම අඩු වෙලා අඩු වෙලා ගිහිල්ලා මේක නිකම් චාරිත්‍ර මාත්‍රයක් වෙනවා. ඒ කියන්නේ විභාගෙ ළං වුනාම ඔන්න ගිහිල්ලා බෝධි පූජාවක් කරනවා. ඊළඟට රස්සාවකට යද්දි, ළමයෙක් හම්බවෙන්න ගියාම, ළමයාට

නමක් දාගන්න, අලුතෙන් ගෙයක් හදද්දි පොඩි පොඩි පුදපූජා ටිකක් කරනවා. මේ වගේ මේ ධර්ම කතාව චාරිත්‍ර වාරිත්‍රවලට විතරක් සීමා වෙනවා.

ඊටපස්සේ පන්සිල් ගන්නවා කියලා හිතන්නේ යමක් පටන් ගැනීමේදි කරන චාරිත්‍රයක් හැටියටයි. එහෙම නැතුව මේක මේ රකින්න තියෙන එකක් කියලා සළකන්නේ නෑ. අන්තිමට රකින දේවල්, ප්‍රායෝගිකව පුරුදු වෙන දේවල් මුකුත් නෑ. නිකම් කියවා කියවා ඉන්න දේවල් ටිකක් විතරයි තියෙන්නේ. ඒ අතරේ පිරිසක් ඉන්නවා හිමින් හිමින් මේක ඉගෙන ගන්න මහන්සි ගන්නවා. පුරුදු කරන්න මහන්සි ගන්නවා. ඒ පිරිසත් අමාරුවෙන් තමයි කරන්නේ.

අනුන්ගේ දියුණුව දැකලා සතුටු වෙන්න....

දැන් බලන්න ධනඤ්ජානි කියන්නේ ධර්මය පස්සෙන් ගියපු කෙනෙක් නෙවෙයි. ධර්මය හොය හොයා ගියපු කෙනෙකුත් නෙවෙයි. සාරිපුත්තයන් වහන්සේව මුණගැහෙන්න ගියෙත් ධර්මය අහන්න කියලා හිතාගෙන නෙමෙයි. යාළුකමටයි ගියේ. නමුත් සාරිපුත්තයන් වහන්සේ දීපු උපදේශය නිසා අන්තිම මොහොතේ කොච්චර බේරෙන්න පුළුවන්කමක් ලැබුනාද. එතකොට ධනඤ්ජානි දුගතියෙන් බේරුනේ මේ බ්‍රහ්ම විහාර භාවනාවෙන් නේද? ඒ නිසා මේ මෛත්‍රිය කියන එක පුරුදු කිරීමට මහන්සි ගන්න. කරුණාව කියන එක පුරුදු කරන්න මහන්සි ගන්න. දයානුකම්පාව පුරුදු කරන්න මහන්සි ගන්න. කවුරුහරි දියුණු වෙනවා දැක්කොත් ඒකට සතුටු වෙන්න. ඒකට ඉරිසියා කරන්න එපා!

සිංහලයන්ගේ අනන්‍යතාවය....

මං අහලා තියෙනවා එක කතාවක්. එක එක රටවල්වලින් කකුළුවෝ අල්ලලා වෙන වෙනම පෙට්ටිවල දාලා ඔන්න නැවකින් තවත් රටකට ගෙනිහිල්ලා විකුණන්න. එතකොට ඔන්න එංගලන්තයෙන් අල්ලපු කකුළුවෝ ටික පෙට්ටිය ඇරලා බලද්දි ඇතුලේ නෑ. කකුළුවෝ ටික පැනලා ගිහිල්ලා. ඉන්දියාවේ කකුළු පෙට්ටිය ගත්තාම ඒකෙත් කකුළුවෝ ටික නෑ. පැනලා ගිහිල්ලා. අනිත් රටවල්වල කකුළු පෙට්ටිත් ඔක්කොම හිස්. ලංකාවේ කකුළු පෙට්ටිය ඇරලා බලද්දි එහෙමමයි කකුළුවෝ ටික. ඇයි හේතුව? එක කකුළුවෙක් උඩට යන්න හදනකොට අනිත් කකුළුවෝ අණ්ඩෙන් අදිනවා. බැලුවාම අන්තිමට මසට ඉතුරු වුනේ කවුද? ලංකාවේ කකුළුවෝ ටික.

අනිත් කකුළුවෝ ඔක්කොම එකාට එකා උදව් කරගෙන පැනලා ගිහිල්ලා. අපට තේරෙන්නේ නෑ ඇයි ඒක සාපයක් වගේ මේ ජාතියට පිහිටලා තියෙන්නේ කියලා. එක්කෙනෙකුට එක්කෙනෙක් නැගී හිටින්ට දෙන්නේ නෑ. උදව් කරන්න දෙන්නේ නෑ. දියුණු වෙන්න දෙන්නේ නෑ. ඒක ගිහි අය අතර විතරක් නෙවෙයි. පැවිදි අය අතරත් ඒක දකින්න තියෙනවා. එච්චරටම ධර්ම කතාවට වඩා අර ජන්ම ගතිය ඉස්සරහට ඇවිල්ලා.

අනුන් වෙනුවෙන්වත් අධර්මචාරී විය යුතු නෑ....

මේ අහපු කරුණු වලින් අපි තේරුම් ගන්න ඕනෙ දෙමව්පියෝ හේතුකරගෙනවත් අධර්මයේ හැසිරෙන්න

ඕනෙ නෑ. ඊළඟට අඹුදරුවන් හේතුකරගෙනවත් අධර්මයේ හැසිරෙන්න ඕන නෑ. අර ධම්මපදයේ එක කතාවක් තියෙනවා බුද්ධ කාලයේ හිටියා පික්පොකට්කාරයෝ දෙන්නෙක්. මේගොල්ලෝ පික්පොකට් ගහන්න යන්නේ ජේතවනාරාමයට. ගිහිල්ලා ධර්ම ශාලාවේ මිනිස්සු බණ අහගෙන ඉන්න කොට ඒ මිනිස්සුන්ගේ මුදල් පසුම්බියට විදිනවා. මේගොල්ලෝ බණ අහන්න වගේ යන්නේ.

දවසක් එක හොරෙකුට බණ අහගෙන ඉන්නකොට මේකට හිත ගියා. බුදුරජාණන් වහන්සේ දැක්කා එයා ධර්මය අවබෝධ කරන බව. එයා ඉලක්ක කරලා ධර්මය කිව්වා. එයා සෝවාන් ඵලයට පත් වුනා. එයා එදා හොරකම් කළේ නෑ. හිස් අතින් ගෙදර ගියා. අනිත් එක්කෙනා වෙන කෙනෙකුගේ සල්ලි ටිකක් හොරකම් කරන් ගෙදර ගියා. දැන් පහුවදා අර ධර්මය අහලා හොරකම් නොකරපු කෙනාගේ ගෙදර කන්න දෙයක් නෑ. ඒ මනුස්සයා කල්පනා කර කර ඉන්නවා 'දැන් ඉතින් අතේ පයේ මහන්සියෙන් මොකක්හරි ධාර්මික රස්සාවක් කරන්න ඕන' කියලා.

හාමතේ ඉන්නද කල්පනාව...?

ඔන්න දැන් අර හොරකම් කරපු කෙනාගේ ගෙවල් පැත්තෙන් උයන පිහන ඒවායේ සුවඳ හොඳට එනවා. එතකොට මේ ගෙදර නෝනා අර මනුස්සයාගේ කනෙන් අල්ලලා අහනවා 'මේ... ඕයි... දැනෙනවද සුවඳ... මේ මහා ලොකුවට ධර්මයේ පිහිටියා කියලා කියනවා. දැන් අපි කන්නේ මොනවද? හාමතේ ඉන්නද කල්පනාව...?' කියලා. එහෙනම් ඒ ගෑනු එක්කෙනා මේ මනුස්සයාව පොළඹවලා තියෙනවා උඹ මොනවාහරි කරලා

හම්බකරගෙන ඇවිල්ලා අපට කන්න දීපන් කියලා. ඒ මනුස්සයා නිශ්ශබ්දව හිටියා. කලබල නෑ.

බුදුරජාණන් වහන්සේ ළඟට ගිහිල්ලා කිව්වා 'භාග්‍යවතුන් වහන්ස, මම මේ අදහසින් ආපු කෙනෙක්. මට ඊයේ ධර්මය ඇහුනා. මට මේ ආර්‍ය සත්‍යය වැටහුනා. මට අවබෝධ වුනා මේක වැරැද්දක් කියලා. මම දැන් සීලයේ පිහිටලා ඉන්නේ. මම අතේ පයේ මහන්සියෙන් හම්බ කරන්න අධිෂ්ඨාන කරගෙන ඉන්නේ. නමුත් ගෙදර ගියාට පස්සේ අපේ මහ උන්දැගෙන් බේරෙන්න බෑ. මෙන්න මෙහෙම මෙහෙම මේ ගෑනු එක්කෙනා මට තරවටු කරනවා' කිව්වා.

අසවලාත් කරනවා නම් ඇයි ඔයාට බැරි...?

මේ විදිහට ධර්මයේ හැසිරීමට අනුබල දෙන්නේ නෑ සමහර ගෙවල් වලින්. 'ඇයි මේක කරන්න බැරි... අර අසවලාත් හොරකම් කරනවා නම්, අසවලාත් කොමිස් ගහනවා නම් ඇයි උඹට බැරි...' කියලා ගෙදරින් කියනවා. අපි මේකෙන් තේරුම් ගන්න ඕන දෙමව්පියන්ට සලකන්න පුළුවන් ධාර්මිකව. අඹුදරුවන්ට සලකන්න පුළුවන් ධාර්මිකව. දැසි දැස්සන්ටත් ධාර්මිකව හම්බකරලා සලකන්න පුළුවන්. යාළුමිත්‍රයන්ට ධාර්මිකව හම්බ කරලා සලකන්න පුළුවන්. ඊළඟට නෑදෑයින්ට ධාර්මිකව සලකන්න පුළුවන්. මැරිච්ච ඥාතීන් වෙනුවෙන් ධාර්මිකව සලකන්න පුළුවන්. දෙවියන්ට ධාර්මිකව සලකන්න පුළුවන්. රජය වුනත් ධාර්මිකව කරන්න පුළුවන්. ඊළඟට තමන්ගේ කය පිනවීමත් ධාර්මිකව හම්බ කරලා කරන්න පුළුවන්. සාරිපුත්ත මහරහතන් වහන්සේ වදාළා එහෙම කිරීම තුළ කවුරුවත් දුගතියේ යන්නේ

නෑ. කවුරුවත් සතර අපායේ යන්නේ නෑ. කාටවත් පව්
රැස්වෙන්නේ නෑ. පුණ්‍ය ප්‍රතිපදාවේ පිළිපැදගෙන යන්න
පුළුවන්.

අධිෂ්ඨානය සහ වීරිය ඇතිකරගන්න....

ඒ ධාර්මික බව තුළ ම එයාට ලේසියෙන්ම
ධර්මයට එන්න පුළුවන්. ලේසියෙන්ම ධර්මය පුරුදු
කරන්න පුළුවන්. ඒකට විශේෂයෙන් ම ඕන කරනවා
අධිෂ්ඨානය සහ වීරිය. මං තේරුම් ගත්ත එකක් තමයි
මනුස්සයන්ගේ ගුණ ධර්ම අඩු වෙන්න අඩු වෙන්න
උත්සාහය නැතිව යනවා. හීන වීරිය ඇතිවෙනවා.
ඒ කියන්නේ අධිෂ්ඨානයයි වීරියයි පිරිහෙනවා.
අධිෂ්ඨානයයි වීරියයි පිරිහුනාට පස්සේ උතුම් දෙයක්
එක දිගටම කරගෙන යන්න බෑ. අතරමගදි කඩාකප්පල්
වෙනවා. නමුත් නරකට, අධර්මයට සූටුස් ගාලා ඇදිලා
යනවා. ඒක තමයි මේකේ ස්වභාවය. ඒ නිසා අපට
එයින් අත්මිදිලා, ධර්මයේ රැකවරණය ඇතිකරගෙන,
සතර අපායෙන් අත්මිදෙන්ට වාසනාව ලැබේවා....!

සාදු! සාදු!! සාදු!!!

❁ ❁ ❁

මහාමේඝ පුකාශන

www.ingramcontent.com/pod-product-compliance
Lightning Source LLC
Chambersburg PA
CBHW070541030426
42337CB00016B/2293